Vorwort des freien Journalisten, Philosophen
und Schriftstellers
Kurt - Dieter Küchenmeister.

Ich habe in mehrmaligen, intensiven und
tiefgründigen Gesprächen mit
Bruno Kumeisson
dessen Bedenken und Erkenntnisse aufgegriffen
und in dem

E s s a y
" Angst und Hoffnung des siamesischen
Zwillingspaars im Menschen "

zusammengefasste und hiermit
für interessierte Menschen geöffnet.

==================================

Sehr geehrte Leserin,
Sehr geehrter Leser,

mit dem Ihnen hier vorliegendem Essay, welcher
sich mit den Wünschen und Hoffnungen der
weltweiten Menschheit bereits vergangener
Zeiten, Gegenwart, aber besonders der Zukunft
befasst, möchte ich in Ihnen weder euphorische
Empfindungen noch geduldige Verhaltensweisen
entfachen.

1

Sicher werden Sie eine ganze Reihe von
bekannten Fakten finden und von sich aus
bemerken : "Das wissen wir schon lange" !

Aber, haben sich denn in jedem Fall daraus schon
ausreichende Gedanken und Schlussfolgerungen
entwickelt ?

Ich meine, dass unsere heutige Zeit einfach
danach verlangt, dass wir über gewisse
Erscheinungen erneut nachdenken.

Ich habe mich der Mühe unterzogen, einige recht
sensible Themen in den Mittelpunkt der
Betrachtungen zu ziehen und habe die Bitte:

 "Diese verhältnismäßig wenigen Seiten und
deren Gedanken wegen ihrer zeitweilig
   gewissen Brisanz, mit großem Bedacht, also
sehr sorgsam zur Kenntnis zu nehmen."

　　　Ich bedanke mich dafür !

Angst und Hoffnung

das siamesische Zwillingspaar
im Menschen

= = = = = = = = = = = = = = =

"Vergangenheit -- Gegenwart --
und --Zukunft"

Eigentlich ist es in der Atomuhr derselbe
Moment, aber für uns, den Menschen, der die
Zeit nicht erfunden hat, aber für bestimmte
Abläufe seines Lebens nach geistig vorstell-
baren Lebensinhalten sucht, eine Hilfe bei
dem Erkennen des eigenem "Ich".

Dabei hat er natürlich, wie das immer so ist, sich
mächtig, gewaltig geirrt, denn alle drei Begriffe
drücken den unmittelbar gleichen Moment aus
und wer er "Ist", das kann er vorerst überhaupt
nicht wissen, er bekommt es von anderen gesagt.
Erst der weitere Lebensablauf ermöglicht es ihm,
durch den Vergleich mit anderen seiner Gattung,
annähernd seine wirkliche Existenz zu erkennen.
Aber leider gibt es auch da,
"Fehleinschätzungen".

Also, wenn die Atomuhr als Beispiel, die Uhrzeit
12 angibt, war es zugleich :

"Gegenwart, Vergangenheit und Zukunft".

"Was nützt mir das schon?"
Werden Sie berechtigt sagen.

Ich möchte damit nur deutlich erkennen lassen,
dass in uns Menschen Vergangenheit, Gegenwart
und Zukunft zu dem gleichem Zeitpunkt wirken.

Das ist zwar ein klitzekleines Problem, aber eines
mit großer Wirkung.
Wir werden, denke ich, in den folgenden Seiten
dieser Schrift der Sache noch etwas näher
kommen.

Was bewegt Sie zur Zeit am meisten ?

Ich könnte mir vorstellen: "Die Gegenwart". Sie
ist zum Greifen nahe und die Berührungsängste
sind hoch.
Aber bitte denken Sie daran, dass die
Menschheit, egal welchen Zeitpunkt wir ihres
Bestehens beleuchten, immer von den gleichen
Symptomen :
-- "Angst und Hoffnung" --
geplagt wurde.

Ein neues Leben - bei der Geburt - beginnt
immer mit Angst !
Der erste helle Schrei des Kindes, ist aus der
genetisch programmierten Überlebensangst

heraus entstanden.

Hat sich diese Hoffnung der Geburtshelfer darauf
nicht sofort eingestellt, wird mit einem leichten
Klatsch auf den Po oder mit etwas kaltem Wasser
nachgeholfen.

Na gut, wir meinen zu wissen, dass dieser Schrei
uns Auskunft gibt, dass sich die Lunge vorher
richtig mit Luft gefüllt hat und nun erst normal in
Aktion treten kann.

Manchem seine Meinung, dass der Luftdruck die
Lungen zum Aufblähen gebracht habe stimmt
nicht. Auch ich war einmal der Ansicht, bis ich
einmal einen Zwerchfellkrampf über Stunden
aushalten musste, und mich nur durch bewusstes
Atmen aufrecht erhalten konnte.

Aber der vorprogrammierte Ablauf ist anders!
Nachdem das Neugeborene seiner
neunmonatlichen Heimat entrissen, die
Nabelschnur durchtrennt wurde, steigt in dem
kleinen Organismus der Kohlenmonoxydgehalt
so hoch an, dass das Zwerchfell in Aktion gesetzt
wird und durch seine Bewegung einen Saugeffekt
bewirkt, die Lunge füllt sich und der "Schrei"
kann erzeugt werden.

Sollte das angezweifelt werden, dann möge
Derjenige das selbst ausprobieren. Er möge, im
Wasser untertauchen, warten bis sein Körper
Sauerstoffmangel signalisiert, noch ein weniger
länger aushalten, die Luft unter Wasser aus der

Lunge bis zur letzten möglichen Luftblase
ausstoßen, und wenn es gar nicht mehr geht
auftauchen.
Der selbe Effekt (Eine Überlebensstrategie des
Organismus) wird eintreten.

Da die Angst aber der Überlebensfaktor
"Nummer 1" ist sollte man eigentlich bei einem
"normalem" Lebensablauf etwas gelassener damit
umgehen.

Aber jedes menschliche Individuum sollte immer
beachten, dass zwischen den beiden
                    Zuständen:
                "Angst und   Hoffnung"
ein unlösbarer (antagonistischer) Gegensatz
besteht.
   Das bedeutet :"sie benötigen einander oder
                bedingen sich gegenseitig."

Dieser Erkenntnis "bedient" sich die Menschheit
                seit ihrem Bestehen !

Auch aus den derzeit zur Verfügung stehenden
uralten Schriften kann diese Tatsache entnommen
werden bzw. ist diese aus übermittelten
Gebräuchen erkennbar.

Das daraus abgeleitete Fazit ist :
"Mit Angst und Hoffnung regiert man die Welt"!

6

Aber die offene Frage an Jeden von uns ist : "Ob er sich wirklich von diesem Phänomen steuern lassen soll oder will, und ob ein bestimmtes Wissen über diese unabänderlichen Vorgänge, nicht zu einem ruhigerem Blick führen könnte.

Mein Wunsch ist, hierbei eine kleine Hilfestellung zu geben.

Aber, Moment mal !

Ehe wir uns den größeren Dimensionen widmen noch ein kleiner Hinweis zu unserem obigen Thema.
Denken Sie lieber Leser auf keinen Fall, dass das Phänomen "Angst" nur auf den Menschen begrenzt ist.
Wie Sie sicher selbst zum Teil bei dem Umgang mit Tieren feststellen konnten, leiden diese unter dem gleichem natürlichem Druck.
Selbst der Regenwurm windet sich ganz schnell aus der Erde an das Tageslicht, wenn man mit einem spitzen Stab tief genug in die Erde sticht, obwohl er dort oben eigentlich überhaupt nichts zu suchen hat.
Bereits die geringsten Geräusche lassen ihn, seinen Hauptfeind, den Maulwurf erahnen.
Auch die Tiere, welche zum Schlachthof

transportiert werden empfinden, dass der Tod auf
sie zukommt.
Wer es nicht glaubt, sollte einen solchen
Transport begleiten.

Und noch ein Hinweis in dieser bisherigen
kleinen Vorgeschichte:
        "Auch Pflanzen haben Angst."
Das konnte man schon vor mehr als 90 Jahren
mit entsprechender Technik wissenschaftlich
nachweisen.
Dafür gibt es sehr viele Beispiele, welche ich mir
und Ihnen hier ersparen möchte.
        - - - - - - - - - - -
Also, fangen wir erst einmal mit einem Thema,
was uns vor Jahre teilweise zu beherrschen
begann.

Ich konnte in einer Broschüre über die
kommende Zeit lesen, dass nur aller 25.800
Jahre die Erde zu dem Zeitpunkt der
Wintersonnenwende in einer Ebene mit dem
Zentrum unserer Galaxis steht.
Seit der Geschichtsschreibung würde die
Menschheit zum ersten Mal Zeuge dieses
Ereignisses werden.
Kurioserweise soll das Volk der Maya (ein
ehemaliges Volk im Südamerika), auf Grund des
Ablaufes seines Zeitkalenders dafür,
den "21. Dezember 2012" angegeben haben.

Zufolge der in Stein gehauenen Prophezeiung der Maya, steigt am 23. Dezember 2012 der Gott "Bolon Yokte" zu uns hernieder.

Nun werden Sie sagen: "Wen soll das schon interessieren ?"

Ok. Im Vorhinein wurde darüber noch nicht viel weiteres berichtet. Aber als der betreffende Zeitpunkt heranrückte, hatte man schon Bedenken, dass sicher irgend ein findiger Kopf auf die Idee kommen könnte, mit einem solchen Ereignis eine Menge Geld verdienen zu wollen.

Die schlimmsten Ideen sprossen im Vorhinein zu diesem Zeitpunkt wie Quecken in die Höhe !
- Es könnten vollkommen neue Bedingungen auf der Erden entstehen.
- Der jüngste Tag der Erkenntnis stehe bevor.
- Die gesellschaftlichen Verhältnisse könnten sich ändern.
- Ein Polsprung könne damit in Zusammenhang stehen (Veränderung des augenblicklich angenommenen geographischen Existenzpunktes des Nord- und Südpols).
- Sogar die Finanzkrise brachte man als Vorbote des Ereignisses ins Gespräch.

Es war äußerst interessant so etwas zu lesen. Jeder vernunftbegabte Mensch mit einem kühlen Kopf und Erfahrung nimmt natürlich, solche

"Behauptungen oder Annahmen" mit
kopfschütteln und lächeln auf.

Aber, allein diese fünf ausgewählten
"Vorhersehungen", eröffnen genügen Raum für
tiefgründigere Überlegungen.

Beginnen wir erst einmal mit dem sogenanntem

"Polsprung".

Die Archäologen haben uns doch schon seit
längerer Zeit drüber informiert, dass vor vielen
hunderttausend Jahren, in den nordischen
Regionen unser Erde, klimatische Verhältnisse
wie im tiefsten afrikanischen Dschungel
geherrscht haben müssen.
Die fossilen Funde lassen darüber keinen Zweifel
aufkommen.
Der so zu errechnende letzte Polsprung könnte
durchaus vor 250.800 Jahren erfolgt sein.
Das wäre "Punkt 1" in dieser Angelegenheit.

Punkt 2.
 Es ist Tatsache und bekannt, dass zum Beispiel
der Nordpol seinen immer "angenommenen"
Polpunkt, innerhalb des Zeitraums wo
Wissenschaftler in der Lage waren entsprechende
Vermessungen vorzunehmen, auch schon in
geringem Umfang gewechselt hat.

Nur eine sehr hohe Anziehungskraft,
gewissermaßen die Masse eines Riesenplaneten
oder mehrere Planeten kann eine Veränderung
eines der Pole herbeiführen.
Die Konsequenz für den gegenüberliegenden Pol
ist natürlich, dass er sich dem neu entstehendem
Gravitationsfeld anpassen muss und ebenfalls
seinen bisherigen "Platz" verlässt.
Insofern ist die Theorie, dass die Sonne und alle
die sie umkreisenden Planeten, zum Zeitpunkt
des 22. / 23 Dezember 2012 in einer Linie zu
dem Zentrum unserer Galaxis stehen sollen,
durchaus nicht zu verachten, denn die kompakte
Schwerkraft hätte durchaus Auswirkungen auf
die Pole der Erde haben können.

Auch die dadurch entstehende Anziehungskraft
kann die Weltmeere, in eine für uns Menschen
unangenehme Situation bringen.
Allein das Beispiel : "Mond -- Ebbe und Flut",
und die sich dabei teilweise entwickelten
Springfluten haben schon eine unangenehme
Bedeutung.

Richtig ist schon, wenn wir heute lebenden
Menschen etwas auf alte Überlieferungen achten,
aber, dass wie da angeführt, die Sonne einmal
drei oder vier Tage nicht zu sehen war, kann von
vielen anderen Geschehnissen auch ausgelöst
werden.
Ein weiteres Vorkommnis zu dieser damalige

Zeit könnte natürlich zu ähnlichen Folgen geführt haben.

Der Einschlag eines Riesenmeteorit auf die Erde kann ähnliche Folgen gehabt haben. Wenn auch der dazu passende Krater noch nicht gefunden wurde, so ist meine diesbezügliche Vermutung, bei der Berücksichtigung der Größe und Tiefe der Weltmeere, sehr wahrheitsnahe.

Damit wäre gleichzeitig, die immer wieder in alten Texten angeführte Sinnflut begründet.

Also das Fazit aus dieser bisherigen Betrachtung ist :
Polsprung hin oder her, die Menschheit wird überleben.

In diesem Zusammenhang sollte aber auch einmal die berechtigte Frage manches Erdenbürgers erörtert werden :
"Sollen oder müssen denn auf unserem Planeten unbedingt 6, 9, oder 12 Milliarden oder mehr Menschen ihre Heimat haben ?"
Von der Vernunft her gesehen, eigentlich "Nein".

Zur Regelung diese Angelegenheit brauchen wir jedenfalls keine erneute Sinnflut.
Dabei könnte uns allerdings die Prophezeiung helfen :
" Der jüngste Tag der Erkenntnis stehe bevor "

Die Vorstellung eines jeden Menschen zu dem
Begriff: "Der jüngste Tag" sind äußerst
unterschiedlich und Jedem ist offengelassen, was
er darunter erkennt, annimmt oder erhofft.

In der Prophezeiung allerdings wird von dem
"Jüngsten Tag der Erkenntnis" gesprochen.

Also gut. Tragen wir einmal zusammen was
unsere heutigen Generationen bewegt und was
sich nicht nur einzelne, sondern ganze Gruppen
von Menschen erhoffen.

Voll im Glauben der verschiedensten Richtungen
beseelt, erhoffen sich diejenigen :
"Eine recht baldige Ankunft eines Gottes oder
anderen göttlichen Majestäten, der oder die,
welche dann alles `neu richten´ werden."

Andere Gruppen von uns sind davon überzeugt,
dass der ganze "Schlamassel" eine reine
Angelegenheit der bestehenden gesellschaftlichen
Systeme ist.

Da so ein System aus Massen von Menschen
besteht, welche durch ihr gemeinsames Tun und
Wirken die gesellschaftliche Basis bilden und die
Grundlage für alle Vorkommnisse im Leben
dieser Gemeinschaft darstellen, ist für
ein "neues Richten" in unserer Zeit noch kein

übernatürliches Wesen erforderlich.

Jetzt habe ich eine Frage, die ich gerne an Sie
lieber Leser weitergeben möchte:

"Könnte ich im Recht sein, dass "jeder neuer
Tag" den wir erleben dürfen, für uns der
 "Jüngste Tag" ist und Erkenntnisse in großer
Anzahl bereitstehen, die wir entschlüsseln
müssen ?"
Ich kann, aber will Ihnen die Antwort nicht
vorwegnehmen.
Das wäre von mir sehr unhöflich, und Sie würden
sicher sagen, warum lese ich eigentlich weiter.

Wenn ich persönlich ein gläubiger Mensch wäre
würde ich sagen:
"Der Allerhöchste wird das schon richten, ich
muss nur bereit sein zu hoffen.
Wann, dass ist eine Frage der Zeit und die ist
bekanntlich unendlich !"

Bin ich im Sinne von gläubigen Menschen "nicht
gläubig", dann kann es mir passieren, dass ich
beschimpft werde und als Atheist, (laut Duden,
"Die deutsche Rechtsschreibung, neue Ausgabe"
-- die Existenz eines Gottes leugnen) und in
bestimmten Regionen unser Erde, verfolgt werde.

Aber, was die dann oben genannten
Verschiedenheiten betrifft, würde ich sagen :

14

"jetzt reicht es", das Leben ist befristet und jetzt !

Und in diesem Fall wäre ich dann für die
"Vorhersehung " der Maja :
"Die gesellschaftlichen Verhältnisse könnten
sich ändern."

 Wenn jetzt verschiedene Menschen der Meinung
sind :
"Das die Finanzkrise ein Vorbote des Ereignisses
vom Dezember 2012 gewesen sei,"
dann meine ich nur, warum eigentlich nicht ?
Ich habe diese "Verschiebungen" auf dem
Finanzsektor nicht zu vertreten und die
Menschheit ist es wert, dass mal wieder andere
"Zeiten" kommen.

Aber was für "Zeiten" wollen wir eigentlich ?
Gute Frage, --- Schlechte Antwort könnte
kommen !
Und damit haben wir schon wieder die
Philosophen auf dem "Hals" !
Denn "schlecht und gut" bedingen sich
gegenseitig wie "Ja und Nein"

Man kann zwar feststellen : "Ein bisschen
schlecht oder ein bisschen gut" aber
ein bisschen "Ja" oder ein bisschen "Nein", das
geht schon nicht mehr !"
        Das sogenannt " Jein" hat bisher

alle auf die "Nase fallen lassen"

Manche sprechen dann von dem Letztgenannten :
Von dem "Goldenem Mittelweg"

Ganze Regierungen sind daran, zum Nachteil
"Ihrer Untergebenen" daran gescheitert.

Aber vorerst haben wir damit, so scheint es
jedenfalls, glücklicherweise kein Problem.

Aber, wenn man so richtig hinsieht, muss man
feststellen, dass in verschiedenen Regierungen,
egal welchen Kolorits, bisweilen ein sehr großer
Anteil von Abgeordneten das Privileg eines
Juristen besitzen.
Nun ja, das ist schon richtig, denn wer soll sonst
mehr Ahnung von Recht und Unrecht haben
(denkt man zu mindestens).

Moment, - aber da stimmt doch etwas nicht !
Das würde ja bedeuten, dass andere Zeitgenossen,
(wohl aufgemerkt! Damit sind keine
Parteimitglieder gemeint),
die je nach belieben als, "normale oder
unnormal" Bundesbürger bezeichnet werden,
kein Rechtsbewusstsein haben könnten ?

Aus diesem Grund hat man sicher auch bei einer
Diskussionsrunde im Fernsehen einmal die Frage
gestellt: "Wer erarbeitet den in den

Fachbereichen der Ministerien eigentlich die
Gesetze ?"

Der Dialog lief so ab:
- "Na selbstverständlich die dortigen
  Mitarbeiter" !"
  "Aber die können doch nicht in jedem Fall die
  wirtschaftlichen Bedingungen in den
  Unternehmen einschätzen ?"
- " Sie sollten doch wissen, dass die
  Rechtsabteilungen der Untenehmen mit
  hochqualifizierten Mitarbeiter und Juristen
  ausgestattet sind, und von dort
  bekommen unsere Fachabteilungen natürlich
  auch die entsprechenden Vorschläge
  für die Gesetze zugearbeitet."

Aha, aha ! Na, dann läuft ja in unserer
Demokratie alles seinen rechten Weg !

Ich will nicht sagen, dass diese Art grundsätzlich
falsch sei, aber dennoch recht bedenklich.
Viel wirksamere Gesetze erhält man, wenn auch
philosophisch hochgebildete Experten, dass sind
Menschen, die in der Lage sind, nach Prüfung der
Gründe für das Gesetz, seinen Einfluss und
dessen Wirkung und die Reaktion der Menschen,
ihr Denken und Handeln, mit einem hohem
Wirkungsgrad vorhersagen können und sollten
aus diesem Grund in den Erarbeitungsprozess
einbezogen werden.

Also sollte da wohl unbedingt nachgebessert
werden.
Hierbei muss jedoch darauf hingewiesen werden,
    dass es bei dieser Geisteswissenschaft : "
Philosophie "
zwei grundlegenden Unterschied in der exakten
Begriffsbestimmung gibt.

  - Den idealistischen, ein vom Klerus
        dominierter Studiengang.
  - Den dialektisch materialistischen
Studiengang.

Ersterer hat die Vorstellung das "Der Geist"
Gottes, alle Dinge führt und leitet.

Die zweite Vorstellung ist, dass die gesamte
Materie (also alle Atome, egal welcher Art im
gesamten All, also auch unserem Universum)
unabhängig vom Willen einer höheren Gewalt
existiert und deren Daseinsformen von
allgemeingültigen Naturgesetzen bestimmt
werden.
Diese allgemeinen Gesetzmäßigkeiten wirken in
der Materie, Gesellschaft und im Bewusstsein des
Menschen.

Die idealistische Philosophie verführt leider die
Menschheit mit dem Ziel:
" Alles soll so bleiben wie es ist." Warten,
        warten, - Hoffnung haben !

Das zementiert die Gesellschaften der Welt und soll diese daran hindern neue Wege zu begehen. (Sicher hat man manchmal im persönlichen Leben ähnliche Wünsche, weil der bequeme aber falsche Weg leichter, als der richtige
   aber schwierigere, zu begehen ist.)

Da mit der erst genannten Methode die Menschen einfacher zu regieren, (oder besser mit einem älteren Begriff ausgedrückt : " im Zaum zu halten") sind, wird diese vorzugsweise in den unterschiedlichsten Ländern unserer Erde angewendet und mit allen zur Verfügung stehenden Mitteln, gegen andere Gedankengänge verteidigt.
Die Hauptinteressierten dabei sind die weltweit bestehenden Religionen und die weltlichen Machthaber, die sich in zunehmendem Maß der gleichen Praxis bedienen.

- - - - - - - - - -

- Randbemerkung - :
Der Begriff : "Im Zaum halten" stammt aus den Zeiten der Junker, also des Feudaladels, wird aber nach altem Rezept auch in der heutigen Zeit weltweit angewendet.

Hier die Erklärung dazu :
Es handelt sich um ein eisernes Mundstück, zum

Teil "Trense" genannt, was am Halfter
(Lederriemengeschirr für den Kopf des Pferdes)
befestigt ist und von links nach rechts durch das
Maul des Pferdes führt. Daran werden beiderseits
die Zügel zum dirigieren des Tieres befestigt.

Macht über Menschen sichert persönliches
Wohlergehen für die Obrigkeit, die Opfer bringen
ja die Mitglieder dieser Gemeinschaft "im
Glauben an eine bessere Existenz".

- - - - - - - - - - -

Versuchen wir also in diesem Zusammenhang zu
verstehen, dass es unterschiedliche Vorstellungen
bezüglich des Paradieses geben kann, in jedem
Fall, eine gesellschaftlich vorgegebene oder
persönliche, jeweils individuelle, Vision
darstellt, welche ich nicht bereit bin zu
untersuchen.

Allgemein könnte man jedoch bemerken, dass
doch dem, alten Karl Marx, - so nebenbei
bemerkt, einem Juden, - bei seinem irdischem
Paradiesprojekt "Kommunismus"
im Vergleich zu anderen Vorstellungen die
Freudentränen in den Augen stehen würden!
Aus diesem Grund hat er wohl auch recht, wenn
er sinngemäß feststellte:
"Der "Glaube" sei Opium für das Volk." (Volk
bleib ruhig, bleib ruhig und bete!)

20

Allerdings hatte er damals noch nicht einschätzen können, dass das Beten, egal zu wem, Hauptsache zu einem vertrautem Wesen, das Gehirn von Stresssymptomen sehr wirkungsvoll befreien kann.

Heutzutage hat die Gehirnforschung diese These als richtig bestätigt.

Also, können wir gemeinsam feststellen, dass es bereits seit nunmehr über 155 Jahren eine gesicherte Idee gibt, wie ein lebenswerteres Dasein für die Menschheit installiert werden könnte.
Insofern ist die anfangs zitierte Vorhersehung (Es könnten vollkommen neue Bedingungen auf Erden entstehen) überhaupt nicht so lebensfremd.

Ob dadurch das Ereignis um den 22./ 23.12.2012 allerdings beflügelt wird, ist abzuwarten und auch sehr fraglich. Ich, als der Schriftsteller "glaube" das nicht, was sich zwar heute zum Ende des Jahres 2016, wo ich meine Geschichte der Umwelt preis geben will, anders anzeigt.

Da
zu wäre es erforderlich, dass auf "Anhieb" recht massive Umweltveränderungen entstehen, deren unmittelbaren Folgen weder von Regierungen, örtlichen Verwaltungen oder sonstigen Verantwortung tragenden Kräften weder

gemindert noch aufgefangen werden könnten.

Vom augenblicklich zu übersehenden Zeitraum,
wo diese Zeilen geschrieben werden,
ist der dazu erforderliche Einschlag eines
Riesenmeteoriten zeitlich noch nicht abzusehen.
Und bis dahin haben wir, nach Meinung der
NASA, noch eine Weile Zeit.
Aber auch andere, vom Menschen unabhängige
Naturkräfte könnten ähnliche Folgen nach sich
ziehen.

Da man auch die Finanzkrise als Vorboten des
Dezemberereignisses in das allgemeine Gespräch
hineingezogen hat, bin ich gezwungen, zur
Beruhigung schwacher Nerven etwas weiter
auszuholen.

Vorausschickend möchte ich verbindlich sagen,
dass es auf diesem Erdball nach dem Niedergang
der Feudalstaaten, den bürgerlichen Revolutionen
und auch danach noch keine Zeitalter gegeben
hat, in welchem der Umfang und die Ergebnisse
des gesellschaftliche Wirkens, ein so schnelles
wirtschaftliches Wachstum hervorgebracht haben
wie es der Kapitalismus bis jetzt ermöglicht hat.

Von dieser Seite gesehen, hat er der Menschheit
einen hohen wissenschaftlichen und
produktiven Fortschritt gebracht.
Jedoch betrachte man bitte dabei, es handelt sich

22

immerhin um nur zirka 250 Jahre und heute ist
sein Ende, in "Weltraumzeitbegriffen" gesehen,
schon da !

Das bedauerliche dabei ist aber, dass er sich, im
Vergleich zu früheren Gesellschaften, (Sklaverei
und Feudalstaaten davon gibt es ja heute auf der
Erde auch noch genügend - wenn auch etwas
abgewandelt -- moderner)   sehr schnell
verbrauchte.
Dabei ist die uns so oft eingeflüsterte Meinung,
die Globalisierung sei schuld daran, eine der
dreistesten Lügen, welche es größer und gemeiner
nicht geben kann.
Das ist eine Methode wie man uns heute
lebenden Bürgern einer Gehirnwäsche
unterziehen will.
Allerdings beachte man hierbei bitte !

Es geht kein Weg an der Tatsache vorbei, dass
bereits das "einfache Kapital" und
selbstverständlich in seiner weiteren Entwicklung
das Finanzkapital, nach immer mehr Profit
"heischt". (Der Begriff ist von K. M. entliehen.)

Seine Ziel ist: "Immer mehr finanziellen Ertrag
haben zu wollen, ohne Rücksicht auf Umwelt,
Mensch, vorhandene und immer kleiner werden
Ressourcen,
(Rohstoff-, Erwerbsquellen, Geldmittel),
Ausbeutung und "Verwertung" aller möglichen

und fast unmöglichen Bestanteile bis hin zum
menschlichem Organhandel, nur um des Profits
"Willen".
Und trotzdem muss nochmals festgestellt werden,
"Diese heute existierende Gesellschaftsform stellt
die zum Zeitpunkt effektivste, uns bekannte
Gesellschaft auf diesem Erdball dar !
Aus diesem Grund muss man sich die Frage
stellen:
    "Warum gehen historische Gesellschaften
              eigentlich zugrunde ?
Da muss man allen Kritikern zum Trotz sagen :
"Nicht weil der Herr in den Himmeln das so will,
    oder "Nur der Eine oder Andere, das jetzige
              Leben satt hat ?"
Nein, ganz einfach : "Dann, wenn sie die
Menschen in ihrem Schöpfertum, Entfaltung,
Mitwirkung und Teilnahme an den Erträgen
einschränken und hemmen."

Das ist, wohlaufgemerkt, kein revolutionärer
Aufruf, wie man es mir vielleicht nun gern
unterschieben möchte!

Sehen Sie sich die Ergebnisse der Finanzkrise an,
mehr brauche ich zu meinem vorherigen Satz
nicht sagen.
Und, dass sich die gesellschaftlichen Verhältnisse
Dezember 2012 oder danach ändern könnten,
diese These stammt nicht von mir. Die konnte
man vor Beginn meiner Zeilen woanders

mehrfach nachlesen oder auch hören.
Ich bin nur der Meinung, es ist notwendig, die
Gründe dazu wahrheitsgemäß zu erläutern.
Also noch einmal ! Vor diesem Tag Angst gehabt
zu haben, war nur sinnlose
Verschwendung eigener Kräfte.

Jedoch sollte jeder Mensch unserer Zeit endlich
mal begreifen, dass unsere Wirtschaftsform, eben
gesetzmäßig (also nochmals erinnert ! :
unabhängig von dem Willen der heutzutage
lebenden Menschen) Krisen der verschiedensten
Formen hervorruft, und kein von Menschenhand
dazu erlassenes Gesetz daran etwas ändern kann
(höchstens, noch ein schnelleres Wiederkommen
befördert).

Die nächste Überproduktionskrise kommt auf
jeden Fall, nachdem sich die Weltwirtschaft
wieder erholt hat und ohne Hemmnis eine
Aufholjagd beginnt. Und der Tag kommt eben
dann, dass das auf dem Markt angebotene
Produkt nicht mehr abgesetzt werden kann.
Die Folge ist, dass die Refinanzierung der
Kredite, wegen fehlenden Umsatzeinnahmen
gegenüber den Banken nicht mehr bedient
werden können und schon ist das alte Problem
wieder (aus dem vorhergegangenem
Wirtschaftsruin) auferstanden.

Aber, auch dass ist das Normalste in der Welt

einer freiwirtschaftlichen Gesellschaft !

Ja, und dazu gehören eben auch große Arbeitslosenheere, also Massen von arbeitslosen Menschen.

Man sollte immer beachten !
Auch bei dem "normalen" Wirtschaftsablauf ist es notwendig, dass immer ein bestimmter Teil von Menschen arbeitslos, also verfügbar ist !

Ganz einfach, wie soll den ein Unternehmer, der plötzlich unvorhergesehen ein Lieferangebot bekommt, reagieren können, wenn er nicht auf die nötigen Arbeitskräfte auf dem freien Markt (sprich: Arbeitslose) für die Herstellung des betreffenden Artikels zurückgreifen kann ? Überstunden für sein Stammpersonal ? Ja, aber doch nicht unendlich lang !

Also, muss der Arbeitsmarkt, durch die Konkurrenz der Unternehmen und der Arbeitswilligen, so bestehen wie er ist.

Aber bitte, sind Sie jetzt nicht über meine wahrheitsgetreue Aussage empört !
Ich wollte Ihnen nur erklären, dass weder der Einzelne von uns, weder die Wirtschaft noch die derzeitige Politik daran etwas ändern kann !

Herr Gerhard Schröder, der ehemaliger

Bundeskanzler Deutschlands würde vielleicht
sehr berechtigt sagen : "Das ist eben so, basta !!"

Wer das nicht glauben will, den muss ich fragen :
" Wer soll die Herstellung von Waren usw.
mengenmäßig beschränken und kontrollieren ?"
Na gut, die EU beschränkte die Bauern teilweise
mit der ehemaligen Milchquote, bewegt oder
zwingt die Bauern, in der Frage der Herstellung
ihrer anderen Produkte in bestimmte "Bahnen".
Verlangt zwingend bestimmte Regeln, im
Ackerbau und bei der Nutzung von Grünflächen,
sowie in der Viehhaltung einzuhalten.
Dem darin "unbelecktem" Bürger sei gesagt, dass
ist bereits Planwirtschaft !
Aber dazu vielleicht etwas später einige
Gedanken.
Eine Finanzkrise wiederholt sich auch in einer
bestimmten Zeit, sagen wir mal in zehn bis
fünfzehn Jahren, aber bestimmt in zwanzig
Jahren ist es lange schon soweit gewesen.

Das viel Schlimmere, was das gegenwärtige
System ungewollt hervorgerufen hat ist : " Die
`Allgemeine´ Krise", die alle Lebensbereich der
Menschheit ihren Auswirkungen untergeordnet
hat.

Einige will ich nennen :

Also die Probleme in der Wirtschaft und auf dem

Finanzsektor sind uns zwischenzeitlich sehr
geläufig.
Die Hintergründe haben wir noch nicht
ausreichen beleuchtet, aber das weltweite

Fernsehen versucht ja, das mögliche und
selbstzensierte Wissen darüber irgendwann am
Tag, möglichst in den ganz späten Abendstunden,
uns über den Äther nahe zu bringen.

Aus diesem Grund sei mir die Frage gestattet:
"Ist Ihnen eigentlich schon zum Bewusstsein
gekommen, dass der
- moralische Verfall in den verschiedenen
          Ländern unserer Erde-
ganz bestimmte Ursachen haben muss ?"
Selbstverständlich sind die direkten
Auswirkungen territorial verschieden, aber
nehmen Sie nur den einen Begriff davon her :
          "Armut" !

Arm ist der, der nichts hat, womit er seine
persönlichen Belange und die seiner Nächsten
          "fristen" kann.
Von "menschenwürdig", ist bei diesem Begriff
noch nicht einmal die Rede !

Wenn wir uns, entsprechend unseren
Möglichkeiten in der Welt danach umsehen,
packt uns doch das reine Entsetzen !

28

Und was wird uns da immer vorgeschwafelt : "Ja
die dortigen Machthaber stecken sich alles in die
eigene Tasche !" Korruption überall !

Nun Ja, "wer glaubt wird selig"!
Eigentlich müsste der Papst als "Vertreter
Gottes" auf der Erde diese Menschen,
  " Die da ausharren ", alle seelisch sprechen.
Viel Erfolg dabei !
Lesen Sie, sofern Ihnen eine Bibel zur Verfügung
steht, über die Zeit von Babylon nach.

Eine untergegangene Gesellschaft in einem
fruchtbaren Land zwischen Euphrat und Tigris
mit einer hohen Kultur, ungemein vielen reichen
Händlern und anderen Gewerken einerseits, und
massenhafter Armut anderseits.
Viele Männer konnten aus diesem Grund keine
Familie haben, die Homosexualität
war sehr hoch und mit den Tagen ging diese
Gesellschaft zugrunde.

Können Sie allein aus diesen alten Zeiten eine
Ähnlichkeit zu den heutigen Weltproblemen
erkennen ?
Wenn ja, dann sind Sie ein verantwortungsvoller
und weitsichtiger Bürger unserer Zeit.
Wenn nicht, sind Sie ein Mensch, der die
weltumfassende Tragweite des Problems
noch nicht erkannt hat, oder, ich hoffe nicht,

Jemand der hinter vorgehaltener Hand sagt :
"Ist mir doch scheißegal !"

Für Deutschland kann ich in dieser
Angelegenheit nur dazu sagen, was ich eines
Tages mal im Fernsehen von unserem
hochverehrten,
    jetzt Altbundeskanzler Herrn Prof. Dr. Kohl
    gehört habe :
    "Wir Deutschen hätten bisher über unsere
            Verhältnisse gelebt."!

Wenn ich jedoch so eine Reihe von anderen
europäischen Länder und die USA betrachte,
erkenne ich überall das gleiche Symptom einer
"Gesellschaftskrankheit",
welche, prophetisch gesehen, einen zunehmend
"tödlichen Verlauf" als Inhalt hat.

Unter diesem Gesichtspunkt, sollte man die
Prophezeiung " von kommenden vollkommen
neuen Bedingungen auf der Erde" nun doch
schon etwas ernster nehmen.

Also erst nochmals festgestellt :
"Wenn der von den Maya vorhergesagte "Gott
Bolon Yokte" (und sein Gefolge) nicht auf die
Erde zurückkommt, wird sich nicht ändern.
Der Sage nach, soll es sich dabei aber um die
Rückkehr von lebenden Kreaturen von einem
anderen Planeten handeln, welche die Menschheit

vor weit entfernten Zeiträumen mit ihren Kenntnissen "befruchteten und manipulierten" haben."

Sollte es einmal möglich werden, dass wir von einer weit höher entwickelten Zivilisation Besuch erhalten, dann hätten wir bestimmt die Möglichkeit auch etwas dazu zu lernen und das würde unser Menschheit sehr gut tun.

Einen Kräche (Zusammenbruch) oder Revolution im altgedachtem Sinne, wird es dabei aber nicht auslösen.
Aber allein der Gedanke daran ist schon faszinierend.

- -

Bleiben wir jetzt aus diesem Grund bei dem Thema :

"Was könnte nun in unserer gegenwärtigen Zeit, ohne Unterstützung von "außerhalb", auf uns zukommen."

Ehe ich mich jetzt darum bemühe, dazu eine relative Klarheit herbeizuführen, möchte ich dem Leser ein kleine Einsicht in mein Denken verschaffen. --

Ich bin ein Mensch wie alle anderen und habe das

Glück, sicher wie die meisten von uns, alles was
die Sinne, wie Ohr, Augen selbst die Zunge
erkannt haben, in nur einem ganz geringem
Bruchteil von Sekunden zu erkennen.
   Aber ein kleiner Unterschied besteht da schon.

         Ich "glaube" nichts "als gegeben" !
              Also als "feststehend".

Meine Sinnesorgane trennen sofort den harten
Kern von der Realität und der Lüge.

Dieses Eigenschaft, die objektive Wahrheit sofort
zu erkennen und augenblicklich "Widerspruch
anzumelden", hat mir bereits in meiner Schulzeit
sehr viel Ärger bei meinen Lehrern und Eltern
und in meinen späteren Lebensabschnitten
manches Problem und Missgunst eingebracht..

Wichtig dabei ist aber zu beachten :
      Widerspruch "anmelden" hat eine andere
         Bedeutung wie Widerspruch "leisten" !

Im Gegensatz zu dem letzt genanntem :
         dem "Widerspruch leisten",
   "Nein ich mache oder ich will das nicht "

verlangt das : "Wiederspruch anmelden" die
exakte Darlegung der Gründe und das Aufzeigen
des Ausweges oder einer besseren Lösung der
anstehenden Angelegenheit.

32

Daraus hat sich in meinem Leben eine
philosophische Denkweise entwickelt, welche
wie oben schon angeführt, bei meinen
"Geistesgegnern" manchmal sehr originelle und
auch seltsame Sinnesäußerungen hervorgebracht
hat.

Wir Menschen " ticken " eben, auch aus Gründen
         unserer genetischen Veranlagung,
         selbstverständlich unterschiedlich.

Ich hoffe, meine Gedankengänge werden jetzt
verständlicher erscheinen.
Philosophie und Sensibilität ermöglichen
glücklicherweise auch gewisse Erscheinungen
und Abläufe - - bereits vor - - ihrer unmittelbaren
Existenz zu erkennen und darauf vorbeugend zu
reagieren.
Soweit von mir selbst.

- - - - - - - - - - - - - - - - - - - -

Es ist eine alte Weisheit, dass wir Menschen nie
mit dem zufrieden sind, wie wir die Welt
auffinden.
Sehen wir uns nun einmal die Möglichkeiten und
Resultate an, welche sich aus der Prophezeiung
der Maja ergebenden könnten.

Angenommen der von den Maja angekündigte

Besuch würde stattfinden, um zu überprüfen,
was im Laufe der unabsehbaren Zeit ihrer
Abwesenheit aus ihrer Manipulation entstanden
ist.

"Faszinierend" hatte ich ein wenig weiter oben
schon einmal gesagt und ich musste das Wort
erneut strapazieren, weil es für diese beiden
Ereignisse, für meine diesbezügliche
augenblickliche Begeisterung keine bessere
Ausdrucksform gibt.

Das ganze All ist unendlich groß ! Unser, als
Universum bezeichnete Raum, mit seinen
unzählbaren Galaxien, ist doch nur ein
Tüpfelchen im All, neben wiederum unzählbaren
anderen Universen. (Das Wort mag nicht richtig
geschrieben sein, aber
im Wortschatz unserer augenblicklichen
Menschheit, gibt es dafür keinen "Plural".

Ich will ja gerne verstehen, dass die Vorstellung
eines solchen Raumes manchen von uns schwer
fallen mag. Jedoch es nützt nichts, es ist so.

Und, weil das so ist, gibt es schon seit
unendlichen Zeiten lebende Zellen und
Organismen im All und der Urknall in der
augenblicklichen Version ist eine Fiktion.

Man sucht seine Quelle immer auf der anderen

Seite der Galaxis oder des Universums und keiner findet sie.

Kleiner "Trost", es hat eine plötzliches Umschlagen von "evolutionären Zuständen" (herangereifte und noch nicht gelöste Vorgänge) durch eine "Revolution" (plötzliches Umschlagen in eine andere Form) der Materie gegeben.

Bekannt ist, dass sich das Universum immer schneller werdend ausdehnt.

Mit den Zeiten wird dieser Zustand der Fliehkraftwirkung nach meiner Auffassung gesetzmäßig geringer und von der noch vorhandenen Gravitation liquidiert (aufgehoben), danach erfolgt der umgekehrte Prozess.

Die Lehrmeinung ist, dass dann der Rest eines ganzen Universum, oder dessen Masse (Materie, Atome), sich nach dessen Untergang in einem materiellen Zustand von unvorstellbarer Dicht befunden habe und dann durch den Urknall in seinen heutigen Bestandteilen zur Existenz kam.

Dort ist meine Ansicht vollkommen anders !

Bereits bekannt ist, schon innerhalb unserer verhältnismäßig kleinen Galaxis befinden sich mehrere, sogenannte "schwarze Löcher".

Erkennbar sind diese nach augenblicklicher Feststellung, da messbare Röntgenstrahlung durch deren Existenz von ihrer Bahn abgelenkt werden und so für uns ein schwarzes, rundes nicht "strahlendes" Feld ", sichtbar wird.

Bekannt ist auch, dass diese Gebiete

unaufhörlich, in der Nähe befindliche
Materie, "gewissermaßen aufsaugen".

Ihr Energie beziehen sie durch die steigende
Masse und so erhöht sich auch ihre Gravitation
(Schwerkraft, Anziehungskraft).
Dieser Prozess setzt sich in zunehmenden Maße
im Kleinen wie im Großen unaufhaltsam fort.

Wir müssen nun nur noch klären, was befindet
sich überhaupt in den kleinen und großen
Löchern.
Meine Theorie dazu besagt, dass am Ende eines
Universums nur noch ein schwarzes Loch von
einer für uns nicht vorstellbaren Größe und keine
unvorstellbar große Dichte von fester Materie
besteht.

Für uns Menschen sollte das von der Sache her
auch uninteressant sein, weil das kein Lebewesen
erlebt.
Aber, weil wir Menschen immer neugierig sind
und immer wissen wollen, wo kommt den alles
her, wie ist es zustande gekommen, möchte ich
auch hier meine Theorie zu obiger Feststellung
erstmalig zur Kenntnis geben :

"Der Ringbeschleuniger in der Schweiz, der für
einen nicht vorhersagbar kurzen Zeitraum , darin
ein schwarzes Loch erzeugen soll, wird diesen
wissenschaftlichen Wunsch nie erfüllen.

In diesen schwarzen Löscher besteht nach meiner
festen Auffassung eine Temperatur, die noch weit
unter dem absoluten

$$0 \, K \; = \; \text{minus } 273,15° \, C \; \text{ liegt.}$$

Bei dieser Temperatur, von 0 K , so Kelvin, ein
ehemaliger englischer Wissenschaftler, soll in der
Materie die Bewegung der Moleküle aufhören.

Soweit, so gut !
Das bedeutet in andere Worte gefasst, die Materie
(in diesem Fall, die Moleküle haben keine
Eigenbewegung mehr) sie zerfällt in ihre
einzelnen Atome.
Bei weiter tieferen Temperaturen die in den
schwarzen Löschern herrschen, zerfallen auch die
Atome erst einmal in ihre, (nach alter Definition)
drei entscheidenden Grundbestandteile : -
 Atomkern   positive elektrische Ladung
 Neutronen ohne elektrisch Ladung
                    (Neutrinos)
 Elektronen negative elektrische Ladung.

Das schwarze Loch besteht nach meiner
Auffassung,
im Inneren aus einem unvorstellbar großem
positiv geladenem Potenzial,
umlagert von einer negativ geladenen
Umhüllung.
 (Wenn Sie wollen "elektrisch geladene Felder")

Die weit tiefere wie 0 K liegende Temperatur
verhindert ein "Miteinanderreagieren"

Die beim Auflösungsprozess (so meine
Auffassung) freiwerdenden Neutronen
konnten auch mit dem Teleskop von der
Raumsonde "Havel" (NASA)
als einem aus dem Mittelpunkt einer Scheibe
herausstrahlendem spindelähnlichem Lichtstrahl
erkannt werden.

Durch die fehlenden, die beiden verschieden
geladenen Felder isolierenden "Kräfte" entsteht
in einem, für uns nicht fassbar langen Zeitraum
eine Aufwärmung, welche sich zunehmend
potenziert und letztendlich eine Erhitzung der
magnetischen Felder bewirkt.
   Bei dem Erreichen der
          " kritischen Temperatur"
       (Übergang von 0 K zu 1 K)
erfolgt eine plötzliche physikalische Reaktion
(Umschlagen eines materiellen Zustandes in
einen anderen).
In diesem Moment entstehen Wasserstoffatome
(eine Plusladung umkreist von einer negativen
Ladung).

Die Beantwortung der Frage : "Woher da das
Neutron gekommen sei, was erst die Realität des
Atoms ermöglicht", überlasse ich den Physikern

38

und Astronomen, die ohnehin erst einmal sagen
werden : "Diese meine Auffassung sei falsch".

Aber immer schön langsam!
Spricht man nicht schon lange von
Wasserstoffsternen?
Himmelskörpern im Anfangsstadium ?
Die freien Neutronen, meine Herren, stellen die
im Weltraum von Ihnen gesuchte, nur bisher
angeblich noch nicht gefundene, "Antimaterie"
dar. Diese Namensgebung .. Materie.. ist
ohnehin falsch, da nach dem heutigen
Verständnis dafür mehrere Vorbedingungen zu
erfüllen wären.
Und das ist ja auch ganz logisch, denn allein
können Neutronen kein Atom und damit keine
Materie sein.
Ausreichend, durch das Freiwerden bei der
Auflösung der Atome vorhanden , um im
erforderlichen Moment vorhanden zu sein.

Kleiner Gedankenanstoß : "Im gesamten All
verschwindet keine Energie auf ein
`Nimmerwiedersehen´."

Und nun:
die Sensation des heutigen Tages dem 04.12.2015
im Deutschlandfunk, Sendung
"Wissenschaft und Forschung":
    " Eine Gruppe von Astrowissenschaftlern
konnte feststellen, dass um das kleine schwarze

Loch in der Milchstraße elektromagnetische
Wellen kreisten.
Das ist der perfekte Nachweis, dass meine
Theorie über den "Inhalt" des schwarzen Loches
stimmt.

Entschuldigen Sie bitte den Ausflug in das All.

Er erfolgte nur, um noch einmal herauszustellen :
"Besuche sind immer möglich, früher oder später,
wir Menschen haben ja ähnliche Wünsche andere
Welten aufzusuchen und geben, für meine
Begriffe, vollständig unnötig und unbegründet
finanzielle Mittel aus, welche in ihrem Umfang
genügen würde, ganze Regionen auf der Erde in
menschenwürdige Umfelder zu verwandeln."

Ein Fliegen oder ein Dahingleiten in
astronomische Entfernungen, selbst wenn die
Astronauten bei einem Alterungsprozess von
einem Lebensjahr, gleich dem der hier auf der
Erde lebenden 30 bis 70 Jahre Zeit wäre
(errechnet sich entsprechen der
Fluggeschwindigkeit der Flugkörper), die
Reisedauer aber für die Kosmonauten ohnehin
viele Jahre dauert, und ob diese jemals wieder
zurückkommen könnten ist ungewiss.
Aus diesem Grund ist es, selbst bei den kühnsten
Plänen, dass sinnloseste Unternehmen aller
Zeiten !

40

Was wollen wir überhaupt auf anderen Planeten ?
Adam und Eva spielen ?
Aus dem Bereich der Sonne verschwinden, wenn
dort die Fusion von Wasserstoff in Helium in
einigen Milliarden Jahren, so die Vorhersage der
Wissenschaft, zu Ende geht ?
Kein Mensch wird doch wohl glauben, selbst
wenn es möglich wäre, dass dann vorher Massen
von Menschen irgend wohin in unserer Galaxis
ausweichen könnten, um sozusagen, als ferner
Zuschauer, dem Ereignis beizuwohnen ?

Mit wie viel unglaublich verkündetem Unsinn
will man denn den heutigen und zukünftigen
Generationen die finanziellen oder materiellen
Mittel dafür entlocken, wo der Mensch ohnehin
keine einhunderttausend Jahre mehr auf dieser
Erde existiert !

Wenn es noch zehntausend Jahre sein sollten,
kann sich unsere anatomische Art glücklich
schätzen.

Also Menschheit !
Zwingt die derzeitigen Wissenschaftler dazu,
sich anderen, viel wichtigeren offen stehenden
Fragen zu stellen !

Hier die Empfehlung dazu:
Die wissenschaftliche Forschung sollte aus dieser

Tatsache heraus ihre ganze Kraft darauf verwenden, wie die heutige, und die noch in dem beschränkten Zeitraum auf der Erde lebenden Menschen, ohne Genmanipulation auf allen anatomischen und biologischen Gebieten auskommen kann !
Die auf diesem Gebiet bereits zur Zeit ausgeübte Praxis, kann einem, ohne dass man richtig hinzusehen brauch, ein eiskalten Schauer den Rücken hinunter laufen und allein das, muss schon verändert werden.

Die Patentklausel, nachdem, "dass, wenn das Bedürfnis des Erfinders besteht, aus "Sicherheitsgründen" bestimmte Angaben nicht veröffentlicht werden brauchen und als Ersatz dafür ein Code beantragt werden kann", sollte auch baldmöglichst der Vergangenheit angehören.
Ein offengelegtes Patent (und das ist Pflicht) garantiert ohnehin ein Nichtverwendung für andere Interessenten.
Und warum sollen denn eigentlich Andere, die am wissenschaftlichen Fortschritt interessiert sind, das im Moment Erreichte nicht kennen lernen ?

So eine naive Frage, würde man in Fachkreisen sagen.
Aber, damit ist die Sache eben nicht abgetan.

42

Das Ziel ist, keiner soll wissen was geschieht !
Leute, alles ist in Ordnung !
Das Essen schmeckt gut, warum soll man da
"maulen", na und die Langzeitfolgen ?
Die kennen wir noch nicht, aber irgendwann
werden wir sehen was daraus geworden ist.
Aber, wenn Du davon unfruchtbar wirst, was
dann?
--- Na prima, keine Kinder ! Mein Geld
bekomme ich auch allein alle ! ---
Interessiert Sie eigentlich nicht, (das Beispiel ist
aus der Luft gegriffen) ob irgend welche Gene
von einem Lebewesen aus der Tiefsee mit
hübschen großen Augen aber giftig, in
irgendwelchen Pflanzen oder anderen Bereichen
als Genmanipulation eingesetzt werden ?

Wenn man mir nun sagt : "Die Konkurrenz
welche die Unternehmen in der Marktwirtschaft
vorantreibt, verbiete eine vollkommene
Offenlegung !"
Dann sage ich : " Bitte sehr, aber nicht auf
unserem Volkes Buckel !"
Jeder von uns muss die offizielle Möglichkeit
haben, öffentlich Kenntnis zu erhalten, aus / oder
von welcher DNA einer X-beliebigen Art eines
lebenden Organismus, wurde ein Gen oder
mehrere von der und der anderen Art
"eingebaut".

Beginnen wir jetzt mit der Feststellung, dass der

Mensch, egal wie er auf die Tagesordnung der Erdgeschichte und zum Leben kam, für die Entwicklung zum vollkommenen Individuum seiner Art, genetisch nur einen begrenzten Zeitraum zur Verfügung hat.

Mit anderen Worte so gesagt : "Jede mit organischem Leben ausgerüstet Materie, wir sprechen dabei von Viren, Bakterien, Pilzen, Pflanzen, allerlei sonstigen Getier niedriger und höherer Entwicklungsstufe, wir Menschen gehören dazu, entwickeln und entfalten sich nach einem vorgegebenen Programm, was allerdings immer versuchen muss sich den gegebenen Bedingungen anzupassen.

Aber, wie im Theater, ist der Höhepunkt erreicht, erfolgt als nächster Akt :
"Der Abgang".

In der lebenden Materie, beginnt die
"Degeneration"!

Die Forschung, welche sich mit dem Dasein früherer und heutiger Lebewesen befasst hat gezeigt, dass nicht alle ausgestorbenen Arten infolge, von zum Beispiel, klimatischen Veränderungen vom Erdboden verschwunden sind, sondern, dass dafür das genetische "Lebensprogramm" einer Art "Lebensuhr" den Zeitpunkt ihres Verschwinden bestimmt.
Das geht nicht von jetzt auf morgen, sondern in

einem längerem Zeitraum.

"Was ?   Soll das etwa bedeuten, auch die
Menschheit verschwindet eines Tages
gesetzmäßig von der Bühne des Lebens ?

            - Ja, das ist so !

Und das wird zeitlich noch weit vor dem
"sogenannten Untergang" der Erde geschehen.

"He ! Du `Schreiberling´, (könnte man mich
vielleicht jetzt betiteln), woher willst Du
                das   wissen ?

Auf meinem Gesicht würden sich jetzt winzig
kleine Lachfältchen bilden.

   - Aber, aber ! (Die Antwort) "Haben Sie denn
noch nie davon gehört, dass das menschliche
weibliche Geschlecht die Chromosomen XX ,
die Männer das XY auf ihrer D N A tragen ?"

"So eine `doofe´ Frage ! "Na klar, habe ich das
gewusst!"

   - Na und ? War Ihnen dabei auch bekannt, dass
man beiläufig von einem "langem
        und kurzem Ast" sprach, auf welchem diese
Chromosomen an der D N A sitzen ?

"Ich glaube, ich habe davon gehört, aber was soll
das denn schon bedeuten ?
Sicher fühlen die sich dort ganz wohl, sonst
würde es mir oder uns auch schlechter gehen!"

--   Ende, des sympathischen Gesprächs.   --

Ja, ja, schön wenn das so wäre, dann hätten wir
die "Ewigkeit" auf unserem Planeten bis zu
dessen "Abgang" gepachtet !

   Aber, die "Vorsehung" egal von wem, hatte da
andere "Pläne" mit uns,
     das "Gute und zugleich Schlechte" des im All
bestehenden Lebens.

Eine aus mehreren oder verschiedenen Atomen
zusammengesetzte Substanz, egal ob mit diesem
Phänomen "organischen Leben" ausgestattet oder
nicht, wie z.B. Stein, Eisen usw. usw., lösen ihre
Verbindungen irgendwann auf und, oder gehen
neue Verbindungen ein.
Das braucht Zeit, viel Zeit, aber es geschieht,
denn die Daseinsform der Materie ist eben :
          " Die unendliche Bewegung".

Bleiben wir weiter erst einmal bei uns Menschen.

Bekannter Weise, (Das richtige Wissen wird uns
immer fehlen) hat die Menschheit auf ihrem
"Werdegang", nach Vorstellungen der

verschiedensten, an diesem Thema interessierten Menschengruppen oder einzelnen Personen, unterschiedlich lange Zeiträume zurückgelegt.

So berichtet der Autore H. J. Zillmer über seine Erkenntnisse bei Ausgrabungen am Paluxy River in Texas. "Er fand dort versteinerte Spuren von Dinosauriern und Menschen in den selben geologischen Schichten." (nachzulesen in Heft Juli 2010 von KOOP -- Aktuell)

Manche Glaubensrichtungen sprechen von 15.000 Jahren, andere von noch kürzeren Zeiträumen, von der Sache her hat das für den zu erwartenden Existenzzeitraum der Menschheit zwar Bedeutung, aber ich will jetzt, "das Spekulationsgebiet" des ersten "Erscheinens" eines "menschlichen Individuums" verlassen.

Für das Vorhersehen des "Erlöschens einer Art", vorausgesetzt, dass keine unbeeinflussbaren astronomisch- oder umweltbedingten lebenswidrigen Umstände eintreten ist, das Erkennen, aber mindestens die Einschätzung :

 "Wann hat die jeweilige Art ihren Weg zu einer vollkommenen Entwicklung erreicht, bzw. welchen Zeitraum könnte sie noch von diesem Zeitpunkt trennen," von großem Gewicht.

Bei uns Menschen, war dieser anatomische

Entwicklungspunkt, eine Toleranz von einigen tausend Jahren muss berücksichtigt werden, bereits in der Periode der "Späten Steinzeit" erreicht !

Damals war der Mensch bereits biologisch und anatomisch voll entwickelt und in der Lage, sich komplett den Umweltverhältnissen und den daraus resultierenden Erfordernisse, ohne durch die widrigen Lebensbedingungen hohe Verluste zu erleiden, anzupassen.

Das betrifft gleichermaßen den Süden als auch den Norden unseres Erdball.

Den Zeitpunkt "Steinzeit" oder die unmittelbar davor oder danach angrenzende Zeitperiode konnte ich dafür auswählen, da ich bei einem Informationsaustausch mit einem gentechnischen Institut die Information erhielt, dass der ohnehin schon kürzere Ast auf dem das Y - Chromosom auf der D N A sitzt, mit zunehmender Existenzzeit unserer Art kontinuierlich, langsam schrumpft.

Möglich war diese Aussage, da die Knochenfund entsprechend ihrer organischen Existenzzeit durch die Wissenschaft zugeordnet und so der gentechnische Zeitverlauf nachempfunden werden konnte.

Meine mündliche Reaktion auf diese Information war :

"Ist ja prima ! Da gibt es eines Tagen keine
Männer mehr, und die Menschen sind zu grünen
Blattläusen degeneriert, die dann wie diese im
Sommer, ihre Nachkommen als Jungferngeburten
ins Dasein bringen."

Die Antwort lautete darauf : "Herr ....,
da haben Sie ganz recht, aber so zirka 5.000
Jahre wird es noch dauern, ehe die Männer restlos
weg sind."

Ich habe mir schnell auf die Lippen gebissen,
denn ich wollte noch hinzufügen :

"Auch keine neue Erfahrung für die heute
Lebenden, denn viele Frauen verzichten heute
schon auf Männer."

Aber da es sich in diesem Fall um eine Frau
Doktor handelte, habe ich eine solche
Unterstellung, da sich dieses weibliche Verhalten
im allgemeinen noch in gewissen Grenzen hält,
als unästhetisch empfunden und darauf
verzichtet.

Da zu dem Zeitpunkt, wo der entscheitenden Teil
dieses Busches zu Papier gebracht wurde, in
Deutschland in der Stadt Duisburg die
LOVEPARADE stattfand, zu welcher zirka
1.500.000 junge Menschen aus der ganzen Welt
anreisten, nur um eine gemeinsame

"Glücksempfindung" zu erleben und anstatt
dessen ein Chaos vorfanden, in deren Ergebnis
mindestens 21 der Tod ereilte und laut Aussage
der verantwortlichen Untersuchungsbehörde zirka
500 Verletzte zu beklagen waren, erfaste mich
ein regelrechter "innerer Zwang", ohne dass ich
es hier in meinem derzeitigen Aufenthalt in
Schweden überhaupt wollte, mich auch mit dem
      "Bestehen der Homosexualität"
                zu befassen.

Meine bisherige Meinung, dass die
Homosexualität "nur" eine sozialbedingte
Auswirkung der bestehenden
      Gesellschaftssysteme sein könnte,
war entsprechend den nun neuen Erkenntnissen,
eine Unterbewertung dieser Sache, da ein
"Lustausleben" einzelner Personen oder kleiner
Gruppen noch nicht ein gesamtes
gesellschaftliches System in Gefahr bringen kann.

Trotzdem kann es ganze Gesellschaften und
deren Zusammenhalt beeinflussen und dieser
Tatsache und deren Gründe sollte eigentlich mehr
Aufmerksamkeit gewidmet werden.

Leider, heute nun im Januar 2016 wo ich dieses
ganze Schriftwerk nochmals durchgehe muss ich
feststellen, dass diese lawinenartig sich
ausbreitende Lebenshaltung leider noch keine
grundlegende wissenschaftliche Untersuchung

ausgelöst hat.

Eins scheint festzustehen, der Grund dafür liegt
darin, dass die Anerkennung dieser Lebensweise
im Großen und Ganzen kein Tabu mehr ist
sonder sogar als modern angesehen wird !

Aus dieser gegebenen Veranlassung möchte ich
in der Homosexualität, (den Mann und die Frau
betreffend), der Priorität entsprechend folgende
Unterteilung vornehmen:

Erstens   :   Die programmierte Artgenetik
Zweitens :   Die persongebundene Genetik
Drittens :   Die sozialbedingte Sexualität
Viertens :   Die Lustvariante unterteilt nach
ihren Zielstellung :

Homoerotik laut Duden:
gleichgeschlechtliche Erotik;

Erotik : (laut Duden) .
den geistig - seeleigen Bereich einbeziehende
sinnliche Liebe.

Warum, könnten Sie fragen :
"Zeichne ich das so ausführlich auf ?"

"Nun, weil es besonders auch in unserer Zeit, viel
verschiedene Auffassungen dazu gibt und da es

sich ja um menschliche Verhaltensweisen handelt, ich größeren Unklarheiten entgegen wirken möchte..

Vor meinen Ausführungen dazu, muss ich darauf hinweisen, dass ich kein Arzt bin, aber mein Anliegen darin besteht, da ich aus früheren beruflichen Gründen, mit biologisch-anatomischen und auch psychischen Lebensabläufen bei Mensch und Tier befasst war, heutzutage versuchen möchte, auch auf durchaus etwas satirisch- journalistische Art und Weise, gewisse Erkenntnisse zu vermitteln.

Zu 1.
Programmierte Artgenetik

Das Ziel der organischen Materie (ausgeklammert sind ganz niedrige Aminosäureverbindungen ohne Zellkern) ist, das in ihr "haftende Leben", seine Existenz zu erhalten und zu erweitern.

Bei höher entwickelten Arten, haben wir es in den meisten Fällen, mit getrennten Geschlechtern, also weiblich oder männlichen Exemplaren zu tun.
Und bei diesen ist bis zum Tag, abgesehen von den Möglichkeiten der heutigen Technik, dem Klonen bei Tier und bei Pflanzen, des Bilden von Ablegern, Teilen bei Bakterien usw., noch keine

allgemein oder spezifisch "gängiger Weg"
bekannt, wie das Leben einer bestimmten Art,
anders als auf dem natürlichem Weg zu erhalten
sei.

Da ein geklontes Lebewesen, das gleiche
Geschlecht des Zellspenders aufweist,
bringt dieses Verfahren, den menschlichen und
tierischen Organismen keinen artgerechten
Entwicklungsfortschritt.
Es sei denn, wir könnten noch den Herrn Einstein
klonen, aber dieser Klon wäre dann, schon bei
seinem Entstehen so alt wie sein "biologischer
Vater"!
Und so etwas hätte keinerlei Sinn, denn er wäre,
entsprechen des Ablaufs der biologische Zeituhr
seines Zellgebers, ob lang oder kurz im Leben,
zum gleichen Zeitpunkt gestorben.
Also braucht der Mensch auch in Zukunft für die
Erhaltung seiner Art zwei unterschiedliche
Geschlechter.
"Da, beißt die Maus keinen Faden ab" sagt man
so.
Da ändert auch nichts daran, dass man neuerdings
aus alten Körperzellen embryonale Zellen
hervorbringen kann.

Also die Schlussfolgerung ist, wer sich nicht für
eine Erzeugung von Nachwuchs paaren will, (in
der Retorte wird ja der gleiche Vorgang
vollzogen) schließt sich von der Erhaltung der

Menschheit aus.

Diese Feststellung ist zwar hart, aber von dem biologischem Standpunkt einer Art nicht zu widerlegen.
Bedauerlich sind alle die Fälle, wo der Wunsch vorhanden, die Bemühungen darum fast grenzenlos sind und die höchste Anerkennung der Gesellschaft verdienen, aber aus objektiven Gründen nicht erfüllbar ist.
Bei allen anderen Menschen, da kann Jeder auf mich schimpfen wie er will,
" ist Fakt ", auf jede Person, welcher oder welche mit ihrem Habitus voll "ausgerüstet" ist, keine anderen biologischen Gründe (Krankheiten oder Leiden) dagegen stehen trifft das, oben von mir als Bestandteil oder Mitglied dieser Art gesagte, zu.

2. Die personengebundene Genetik

Seit Urzeiten gibt es in der Entwicklung unserer Art "Homo sapiens" (der Mensch der heutigen Entwicklungsstufe) genau wie auch bei anderen Organismen, (Organismus: Gefüge; einheitliches, gegliedertes, lebendiges, Ganzes ; Lebewesen.) eine Vielfalt von Mutationen, welche mit speziesbedingten, vorwärtsdrängenden aber auch negativem Merkmalen belastet sind.

Im Laufe der Weiterentwicklung oder

Komplettierung der Art, werden die mit
negativen Merkmale beladenen Subjekte durch
die Einflüsse der Umwelt, einer Aussonderung
ausgesetzt.

Diese, leider mit traurigen Gedanken hier
niedergeschriebene Tatsache, bedeutet, dass das
"einheitliche biologische System unseres Weltalls
nur das Ziel hat":
"Einmal in das organische Leben "Gekommene",
immer effektiver den entsprechenden
Umweltbedingungen anzupassen.
Dabei geht es wiederum "nur" um das Hauptziel:
"Die Erhaltung einer Art, egal was für einer
speziellen.
Wer dabei an einen "Herrn im All" denkt dem sei
gesagt, egal welche Energie dieses "Erste"
vollbracht hat, sie hat für alles heute
Existierendes nur:
" Ein einziges gemeinsames Grundmuster und
                    Ziel" geschaffen !

Diese kleine Ausschweifung war erforderlich,
und ich werde mich nun weiterhin an die
Überschrift dieses Abschnitts halten.

Generell, stelle ich für meine persönliche
Auffassung fest, dass jeder Mensch und unter
ihnen die Männer durch ihre Klonstellung X Y
nicht frei von weiblichem Empfindungsvermögen

sein können.

Und, da ich auch ein Mann bin, weiß ich allemal,
was diese Aussage bedeutet.

Der Grund der Herausbildung dieser
Empfindungen, wird besonders bei nicht
ausreichender Liebesbindung der Eltern zu ihren
heranwachsenden Kinder bis zum Alter der
Pubertät und danach, oder besser fließend
darüber hinaus, in dem kritischem Alter bis zirka
19 / 20 Jahre, maßgeblich befördert.

Hatte man also Glück, in ein Elternhaus
hineingeboren zu werden wo es relative
Sicherheit bei dem Erwerb des familiären
Unterhalts gibt oder gab, Vater und Mutter nicht
dem Alkohol oder Rauschgift untertan sind oder
waren, die häusliche Unterkunft im
Familienverband möglichst lange bestehen kann,
dann ist die Grundlage für das Abgleiten in ein,
dem biologisch und genetisch widersprechenden
Zustand oder Verhalten, kaum geben.

Damit stellt sich die Frage nach dem "Normalen"
und als Philosoph habe ich mir damit den Zwang
auferlegt: "Das Unnormale zu definieren."

Üblicherweise kann man landsüblich das als
"normal" bezeichnen, was überwiegend, zu
einem sehr hohen Prozentsatz vorhanden ist und,
auch in der "Sache an sich" auf Lebewesen
bezogen, über sehr, sehr lange Zeiträume und
Perioden, sich als günstig, vorteilhaft und

wirksam für die genetische Beförderung des
Ziels : "Erhaltung und gegebenenfalls
Weiterentwicklung der Art" bewiesen hat.

"Unnormal" ist was logischerweise diese
Merkmale nicht für sich in Anspruch nehmen
kann, auch wenn es nebenher, in verschiedenen
Formen und Umfang, besteht oder bestanden hat.

Wäre nun nur noch die Frage zu klären: "Ist
Homosexualität unter diesen Umständen als
"normal" oder "unnormal" zu bezeichnen ?"
Die Antwort lautet : - - und nun "ACHTUNG !"
bitte die folgenden Worte dazu richtig lesen und
nicht nach persönlichen Wunschdenken auslegen,
- -
          "Ja, und Nein !"

   --"Ja,",--NORMAL, bei den Menschen, wo
bereits eine bestimmte Veränderung oder
Konstellation in der D N A vorliegt.
Ein vollkommenes normales Verhalten, zwar
nicht im Sinne der ehemals von Natur aus
etablierten Genkonstellation, aber da der davon
Betroffene dagegen vollständig machtlos ist,
sollte er sich aus diesem Grund auch keinem
Druck aus seinem persönlichem Umfeld beugen.
Diese Tatsache äußert sich meistens darin, dass
bereits Jungs und nach der Pubertät die jungen
Männer einfach die persönliche Nähe eines
weiblichen Wesens nicht wünschen oder ihnen

gegenüber ein abstoßendes Gefühl empfinden. Und es ist äußerst wichtig dabei zu beachten, dass dieses Merkmale mit zunehmendem Alter, vor dem ersten näheren Kontakt mit diesem Geschlecht vorhanden sein müssen.
Nicht, wie vielleicht oft gedacht wird :
" Man müsse erst eine engere Beziehungen aufgenommen, vielleicht Meinungsverschiedenheiten gehabt haben, um nun mit einemmal festzustellen, die Frauen sind nichts für mich. Das wäre dann nur eine "sogenannte Abwehrhaltung", weil demjenigen, der Umgang mit dem weiblichen Geschlecht "zu aufwendig" erscheint. (Wohl aufgemerkt !)

"Ich meine dabei nicht die finanzielle Seite des Geschehens."

Lassen Sie, sofern Sie diese Zeilen lesen, Ihrer Phantasie ruhig freien Lauf und sofern Sie, eine Vertreterin des "schönen Geschlechts" sind und damit zu den begabtesten und sensibelsten Vertretern unseres Spezis gehören, dann fragen Sie sich bitte selbst einmal insgeheim :
"Habe ich eigentlich schon einmal versucht, die Mentalität eines Mannes, kennen zu lernen ?"

Ich habe das weibliche Geschlecht schon öfter danach gefragt und immer die gleiche Antwort erhalten : "Na, die wollen doch immer das Selbe"!

58

Dazu muss ich aber nun sagen:

"Da unterliegen Sie einer vollkommen
falschen Auffassung !"

--"Nein" ,-- NICHT NORMAL bei den
Menschen, welche wegen der "Einfachheit" des
Umgangs und Umfangs auf dem Gebiet der
"Zweisamkeit", wegen des perfekten Wissen über
die Wünsche und Vorstellungen der gleich-
geschlechtlichen Person, keine lange "Anlaufzeit
und Bemühungen" zur Erfüllung des Anliegens
benötigen wollen.

Darüber hinaus ersparen sich diejenigen in ihrem
Leben erhebliche "Nebenkosten", "allein schon"
aus der Tatsache, dass keine Kinder gezeugt
werden, welche ja bis zu ihrer kompletten
Selbständigkeit ganz erhebliche Aufwendungen,
man spricht von rund 100.000 Euro für jedes,
erfordern.

Aus diesem Grund wird man einfach dazu
gezwungen, annehmen zu müssen, obwohl für
die daran Beteiligten, die Stillung ihrer sinnlichen
und körperlichen Bedürfnisse das Primat
(Hauptsache, wesendlich) bedeuteten und
darstellen, dass die als Nebenerscheinung
wirkenden Einsparungen auf anderen Gebieten,
eine ganz erhebliche Rolle für die persönlichen

Ansichten der Betreffenden darstellen.
Diese Verquickung der Auffassung ist "vorerst
einmal betrachtet" nicht als unbedeutend und
falsch zu sehen.

Auch die heutzutage in vielen Länder gegebene
Möglichkeit von "Staatlich eingetragenen
Gemeinschaften" oder der Ehe gleichgestelltem
Status, ändern nichts wesendliches in dieser
Angelegenheit.
Es stellt in Wirklichkeit nicht "mehr und
weniger" als die "Anerkennung der
Homosexualität in einer Gesellschaft" als normal
dar.

Ich bin für eine solche Regelung.
Warum denn eigentlich auch nicht ?

Wenn zwei Menschen für sich gegenseitig eine
verpflichtende "Rechtliche Stellung" einnehmen
wollen, sollte man das eigentlich begrüßen.
Auf jeden Fall ist eine solche Regelung sozial
weit wertvoller als, wenn andere Leute eben mal
so zusammen wohnen, wie das zunehmend auf
der Erde geschieht, und wenn die Sache einem
Beteiligten egal, aus welchem Grund nicht mehr
gefällt, dieser die Tür hinter sich zuschlägt oder
einfach hinausgeworfen wird.
"Zitrone leer, --- und weggeworfen !" (Eine rein
marktwirtschaftliche Erfindung)

Bitte, schön ruhig bleiben ! In einer
Lebensgemeinschaft, egal wie diese etabliert ist,
sind beide Beteiligten ohnehin :
  "nur Handelsprodukte",
  "Produkte des Begehrens",
  "ein Gebrauchsgegenstand".

Geschäftsfähigkeit ist die Vorbedingung für ein
Geschäft und eine notarielle oder staatliche
Beglaubigung setzt das voraus.
Und somit ist, nebenbei bemerkt, auch jede
Eheschließung nach bisheriger traditioneller Art
auch nur ein "Geschäftsabschluss".
Allerdings eben, das wird vorausgesetzt, wenn
auch immer seltener erfüllt, für das ganze
zukünftige Leben der Betreffenden ;
  aber, Verträge sind auch kündbar !

Da nach wissenschaftlichen Analysen und
Statistiken wohl festgestellt werden konnte, dass
die Beteiligten einer festen Lebensgemeinschaft
eine höher Lebenserwartung haben, kann man
den daran Interessierten, nur zu einem solchem
gesellschaftlichem Verhalten raten.
Ich muss in diesem Zusammenhang besonders
darauf hinweisen und der oft "gepflegten
Meinung" mit allen meinen Möglichkeiten
entgegentreten, dass wenn Menschen gleichen
Geschlechts zu Zweit oder zu mehreren Personen
zusammenleben es sich um Homosexuelle

handeln müsse, die man nicht entsprechend zu
respektieren habe.
Solche Wohngemeinschaften gibt es zuhauf,
denken wir nur an Studenten, andere junge
Menschen die ihrem Elternhaus "entflohen" sind
und auch viele ältere Menschen.
Der Grund liegt fast immer in der Möglichkeit,
die sehr begrenzten finanziellen Mittel sparsam
anzuwenden.
Im älterem Menschenbereich steht in den meisten
Fällen, die gegenseitige Unterstützung bis hin zur
Pflege, im Vordergrund.

Aus diesem Anlass, wäre Menschen welche die
gleichgeschlechtliche Verbindung pflegen, ein
wirklich akzeptabler Vorschlag zu unterbreiten :
"Öffnet Euch weiterhin für die allgemeine
Öffentlichkeit !"

Eine ansprechende Geste könnte sein, wenn Sie
anstelle aller anderen Pipapos, wie, gemeinsamen
Tätowierungen, gleiche Ringlein oder ähnliches
an Lippen, Zunge, Ohren und sonst wo, Ihre
"innige" Gemeinsamkeit durch das Tragen
gleichartiger Ringe, "und als Vorschlag von mir",
an der Rechten, - nicht an der linken Hand, - und
dann am Mittelfinger !!!"
Eine komplette Angelegenheit, die Ihnen sicher
auch Hochachtung, trotz aller anderen Bedenken
einbringen wird.

Drittens : Die sozialbedingte Sexualität

Sozial (gemeinnützig) ist immer das, was der bestehenden Gesellschaft dient und ihr Überleben sichert.
So war die Bedeutung, Form und Ausübung der Sexualität in frühen Zeiten der menschlichen Entwicklung, eine andere wie heutzutage und wie diese in Zukunft sein wird.

Seit der "frühen Vergangenheit" (so formuliert, weil ich mich an den Titel meiner Niederschrift halten möchte) der Menschheit, hat sich an dem von der Natur vorgegebenem Ziel : "Erhaltung dieses Spezis", nichts geändert, und was sich nicht reproduziert das stirbt aus, verschwindet auf ein "Nimmerwiedersehen" von diesem Planeten."

Zu eben dem obengenannten Zeitpunkt, hat sich sicher noch keiner unserer Ahnen darüber den "Kopf" zerbrochen und soziale Fürsorge, die es damals bereits in den Horden (menschliche Gruppen) gab, war allein auf die Erhaltung des "Neuen Lebens", der Kinder oder die Erhaltung des Lebens derjenigen, welche für die Existenz der Gemeinschaft "unbedingt" erforderlich waren, ausgerichtet.
" Das hatte zu damaligen Zeiten, mit einem Rassenwahn überhaupt nichts zu tun wurde jedoch in unserer Zeit, als "herbeigezogene

Begründung", genutzt."

Leider muss ich aber heutzutage, obwohl ich
gehofft hatte, die Zeiten nach dem unsäglich
großem Leid, was die Geschichte von
Deutschland der Menschheit aufgebürdet hatte
seien vorüber feststellen, dass eine solche
Ambition noch in vielen Köpfen "schlummert",
also, es auf diesem Gebiet genug "Schläfer" gibt.

Nur zwei der "kleinsten Beispiel aus dem
Weltgeschehen, zufällig, aber leider aus dem
hochentwickeltem Deutschland herausgegriffen :
"Ist es wirklich erforderlich, dass man alten
Menschen noch alle Möglichkeiten der neusten
Errungenschaften in der Medizin zugänglich
gestaltet ?
Oder die Anfragen aus der jungen Generation :
"Ist es gerechtfertigt, dass Rentner auf Kosten der
nachwachsenden Generation heute noch "solch
hohe finanzielle Altersbezüge oder Zuwendungen
erhalten ?"

Dafür gibt es nur eine einzige Antwort :
"Den "Segen" welche sich eine Gemeinschaft,
egal zu welchem Zeitpunkt ihres Bestehen
erarbeitet hat, ist auch im Nachhinein, (weil die
Auswirkungen ihres Schaffens "naturgesetzmäßig" immer mit gewisser Verzögerung zur
Wirkung kommen) voll berechtigt, ihren Nutzen
daraus zu ziehen."

Aber sind Sie lieber Leser, auch hier wieder
etwas beruhigt. Dieses Problem oder Meinung
können Sie auf unserem Erdball überall in
vielfältiger Weise feststellen.
Und man kommt einfach immer wieder zu der
Erkenntnis,
" dass es letztendlich eine reine Genkonstellation
unseres Spezis darstellt und durch die weltweit
zur Zeit noch durchlebten gesellschaftlichen
Entwicklungsphasen ständig neu "befruchtet"
wird.

Daraus kann man nun die Erkenntnis ableiten,
dass auch die Sexualität im Laufe der Zeit einen,
(wie bereits zu Beginn des Abschnitts 3.
Angeführt) wechselnden Stellenwert einnimmt,
jedoch immer wieder zu ihrer Basis im Denken
und Handeln zurückkehrt.

Heute kann man mit hoher Wahrscheinlichkeit
annehmen, dass wie zu "frühen Zeiten" der
menschlichen Existenz, die natürlichen jährlichen
klimatischen Verhältnisse und deren ständiger
Rhythmus, (wie im Tierreich heute noch die
"Brunst"), die Bereitschaft der weiblichen und
männlichen Exemplare eine Paarung zuzulassen,
hervorgerufen hat.

Welcher Zeitpunkt dafür der geeigneteste
gewesen sein mag, darüber könnte man, heute

noch spekulieren, vom Naturell der damaligen Menschen aber sicher der Jahreszeitpunkt, welcher für die werdende Mutter und das Heranwachsen des Nachwuchses die günstigsten Bedingungen bereit hielt.

Dieser durch die Gene gesteuerte Zeitpunkt, (hängt bei Tieren nachweisbar, vom Sonnenstand und so von der Belichtungsintensität und - Dauer ab), wird auch bei dem Menschen damals relevant (erheblich, wichtig) gewesen sein und kann auch heute noch gewisse Bedeutung haben. Somit ist für damalige Zeiten von vornherein klar, dass eine sexuelle Vereinigung, jahreszeitlich nur auf einen kurzen Zeitraum beschränkt war.

Die hohe Sterblichkeit der Kinder erforderte jedoch eine sofortige Belegung bzw. eine erneute Bereitschaft des Mutterrkörpers nach Abklingen der Säugeperiode des Kindes, sodass bei einer gesund gebliebenen Mutter mindestens bis 16 Geburten, eingerechnet die anfallenden Fehlgeburten, keine Seltenheit gewesen sein können.
Also, postum unseren Dank an die damals geplagte Menschheit, ohne ihren Kampfgeist gegen diese widrigen Verhältnisse, würden wir allesamt heute nicht am Leben sein.

Bis hierher können wir sicher erneut feststellen,

dass in früheren Zeiten, die Sexualität im Leben unserer Art einen sehr hohen Stellenwert hatte. Dennoch sollten wir zur Kenntnis nehmen, dass die Begrenzung des Verkehrs in dem kurzen Zeitraum -- nicht -- auf einen männliche Vertreter der Sippe fest begrenzt war.

Das änderte sich in der menschlichen Geschichte erst sehr, sehr viel später, wo ein Mann mit seiner kleinen Familie in einem eigenen selbständigen Quartier lebte.

Unser Dasein hat im Laufe der Zeit so viel Eigenheiten auf dem Gebiet des Sxualität ins "Leben" gerufen, dass ich mich jetzt kurz fassen will.

Zur Zeit der Sklaverei, war eine Frau ohnehin für den "Herrn" nur ein sexuelles Ausbeutungs-projekt.
Auf seinen Befehl musste diese zum "Bettdienst" antreten.

In der Feudalgesellschaft war das Verhältnis auch nicht viel anders.
Wenn im Bereich eines Feudalherren bei dem "gemeinen Volk" eine Ehe geschlossen wurde, musste die junge Frau, entsprechend dort erlassenen Regeln, die "Hochzeitsnacht mit" ihrem Landesherren verbringen; natürlich ohne Wiedergutmachung.

Und nun, wie läuft die Angelegenheit in der
bürgerlichen Gesellchaft ab ?
"In jeden Fall ist hier "natürlich" der Sex von der
freien Entscheidung eines weiblich Wesens
abhängig !"

"Und wenn schon mal ein Fehlschritt passieren
sollte, dann bekommt eben das Weib eine kleine
Abfindung. Letztlich ist "die" ja selbst daran
Schuld und hat meinen Sohn, - was - ? -, meinen
Ehemann auch -?- ja nur verführt !
Also raus aus meinem Haus, du Hure !"
Also, eine Mädchen oder Frau, ist hier nur noch
ein : "lebendiges Wesen, ein käufliches Objekt".

 Die Frage nach dem "warum" ist schnell, und
auch -- nicht -- oberflächig zu beantworten.

In unserer Zeit regiert das Geld, und mit diesem
Tauschobjekt, lässt sich durch einen Handel der
aus dem Geschlechtsakt entstandenen
persönlichen Nachteile, ohne viel öffentliches
Aufsehen, verhältnismäßig gut ausräumen.
Jedoch der "Leumund" (schlechter Ruf, schlechte
Nachsage) verlässt die betroffene weibliche
Person nie, es sei denn, dass zufällig ein Mann in
der Familie vorhanden ist, welchem man das
eventuell erzeugte Kind zurechnen kann.

Was den Mann dabei betrifft, das allgemeine
Urteil : "Ja, die natürliche Anlage der Männer ist

eben so,wenn es mir auch schwer fällt (so die
Frau), man muss es eben in Kauf nehmen.
"Aber mein Mann geht nicht "fremd" !
   --- Ach, nee ? Wohl nur zu Bekannten ?

Dazu hat es vor gar nicht langer Zeit mal eine
statistische Aussage mit dem Ergebnis gegeben,
dass zirka 60 % der Kinder, welche in einer
festen Ehegemeinschaft geboren sind nicht von
dem darin lebendem männlichem Partner gezeugt
worden wären.

Sofern es so sei, selbst wenn nur 50 % davon
der Wahrheit entsprechen sollte, kann man
gelassen sagen : "Hallo, hallo, wir begrüssen die
Urgemeinschaft, ein Glück, dass wir wenigstens
in Europa nicht mehr in Steinhölen leben
müssen!"

Moment mal, "Steinhölen" ? Was, ist den
eigentlich los ? Ist nicht mansche heutige
Wohnung schlechter als zu damaligen Zeiten ?
"Schimmel in allen Ecken, ganze Wände haben
sich mit den "schönen" grünen oder
grauen, erzeitlich frühen biologischen
Existenzen begleitet !"

  - Sie wissen ja, wo es nicht anders geht, befasse
    ich mich gern mit Satire ! -
"Na, das ist doch was ganz normales! Die Natur
  holt sich eben alles wieder zurück

was wir ihr gestohlen haben."
"Aber was wird denn mit den Menschen da
  drinnen?"

- "Na, was meinst Du denn , denkst du etwa in
   den Höhlen da hätte es keinen
   Schimmelpilz gegeben?"
 - "Vielleicht waren dabei welche die man essen
    konnte, und die hatten da ja auch
    keine Türen und Fenster, ein paar Felle davor,
    das war alles."
 - Aha, also viel Luft, und noch bessere wie
   heute dazu, ja das macht Sinn,

"und damals, hatten die bestimmt auch schon so
etwas wie Husten oder Lungenentzündung, und
Du siehst doch, der Mensch überlebt vieles in
seinem Dasein."
Selbst kampieren unter Brücken muss heute
teilweise auch schon zum allgemeinem normalem
Lebenstandart gezählt werden."

Also lassen wir es bei diesem kleinem Ausflug in
unsere Unterkünfte.
Dennoch, dem eben Gesagten abzuhelfen, gibt es
wenn man will, dank unseres heutigen Wissens
viele Möglichkeiten, aber der Wille dazu ist
einfach nicht vorhanden oder groß genug.

Das Interessanteste an dieser Angelegenheit ist
aber die Feststellung :

70

"Es wiederholt sich alles in einem Kreislauf",
und das im wahrem Sinne der Bedeutung dieser
Worte.
Jedoch merke man sich, -- nicht einfach
"rundherum" sonder da die Entwicklung
pausenlos voranschreitet, in der Form einer
Spirale --.

Wenn, verehrte Leserin /verehrter Leser, Sie sich
diese letzte Feststellung verinnerlichen könnten,
dann gehören Sie zu den "klügsten und
intelligentesten Menschen dieses Erdballs".

- - - - - - - - - - - - - -

Zurück zur Natur der Gesellschaft und ihrem
Sexualverhalten.
Wir konnten uns, so hoffe ich inzwischen darüber
einigen, dass das Verhältnis, also auch das direkte
wirkliche Verhalten seiner Mitglieder auf diesem
Gebiet, eine enormer Bedeutung für das gesamte
gesellschaftliche System inne hat.
Je lockerer die Beziehungen der Menschen
untereinander werden, um so grösser ist der
Verlust an den positiven Werten, welche sich
über Jahrtausende als existenzielle und
gesellschaftlich weiterführende Faktoren bzw.
Eigenschaften herausgestellt haben.
Das bezieht sich besonders auf das Zusammenleben von einem Mann mit einer Frau und
entsprechendem Nachwuchs.

Die Priorität in dieser kleinen Gemeinschaft ist dabei von untergeordneter Bedeutung.

Unsere Gegenwart ist leider zum Nachteil dieser Lebensform von einer "schleichenden" Auflösung gekennzeichnet.
Das betrifft nicht nur die von der freien Marktwirtschaft beherrschten Staaten, sondern seit schon mindestens 250 Jahre auch die, von diesem System kolonial beeinflussten, ehrlicher bezeichnet, unterdrückten und ausgebeuteten Länder dieser Welt.

Was die sexuellen Bedingungen und später auch die "Gewohnheiten" der Menschheit unserer zukünftigen Epochen betrifft, werden wir einen Verlauf bis zur vollständigen "Öffnung" dieses Bereiches erleben.
Aber mit einem, heute noch nicht von Allen vollkommen erkanntem, aber vom heutigen Standpunkt einer im Bereich der Ethik hochentwickelten Menschheit beurteilt, sehr fragwürdigem und ungünstigem Ergebnis.

Bei der Erklimmung dieses Gipfels der moralischen Verkommenheit ist man jedoch heute schon ein ganzes Stück vorangekommen. Die veröffentlichten Berichte über diese Banalität, zum Beispiel der Kinderpornographie oder des Mißbrauchs von Kindern und

Jugendlichen, einschließlich der sogenannten Freudenhäuser usw. lässt immer wieder die Frage entstehen :

"Wo, und wieso sind wir unter dem Niveau der Urgesellschaft angekommen ?

Zu 4.
Die Lustvariante der Sexualität

Was ist eigentlich "Lust" ?
Für eine Beantwortung nütze ich hierbei nur mein eigenes Verständnis, und setze voraus, dass ich -
- nicht -- mit meinen Lesern übereinstimmen werde und vielleicht auch gar nicht will.

Also, ich definiere diese Phänomen als ein vordergründig "sinnlich - körperliches" -- nicht - umgedreht, ein "körperlich - sinnliches" Ereignis, welches allerdings, gleichzeitig, unmittelbar nacheinander, oder überhaupt einzeln in Erscheinung treten kann.

Dabei ist das "Empfinden" der anstehenden Situation individuell unterschiedlich.

So ganz "pauschal" habe ich einmal gesagt:
"Lust ist Luft".
Wenn sie vorbei ist, war es nur ein

"Hauch" ein "Sturm"
einer sehr schnellen Vergangenheit.

Und, sofern keinerlei "Nachwehen" in
Erscheinung treten, und man es hochstapelt, eine
kleine Erinerung oder ein "Nervenkitzel", also
sinnlich wahrgenommen, sonst nichts.

So nun haben wir das Problem erfasst.

Was die Nerven also "kitzelt", ich würde sagen
ein euphorisches (Euphorie = Zustand
gesteigerten Hochgefühls) Empfinden hervorruft,
will das Gehirn immer wieder erleben.
Das fängt im Leben meist mit der Zigarette an,
Alkohol, und Rauschgift folgen, der
geschlechtliche Akt bildet dabei, - so will es
unsere erbliche Anlage und das Imunsystem
spielt dabei auch noch mit, - den Höhepunkt.

Das in dieser Sache eine ganze Palette von
Möglichlkeiten existieren und die "wildesten
Hirngespinste" heranwachsen, kann man, wenn
einem die Augen dabei nicht ermüden, allerorts
reichlich Erkenntnisse gewinnen.
Das schlimmste an der ganzen Angelegenheit ist
jedoch, dass aus Raffgier nach Geld und Gold,
ein naturgegebenes "Muss" - der geschlechtliche
Verkehr - komerziefiziert und bei vorhandenem
Kapital bis zum "Gehtnichtmehr" herabgewürdigt
und ihm untergeordnet wird.

74

Warum, muss man doch nun fragen, steigert sich
das so ?

Hören Sie noch im Nachhinein die Rufe klingen :
    "Wir wollen Freiheit, Freiheit, Freiheit !"
    Ja, Freiheit ist das höchste Gut !

Aber, Freiheit auf allen möglichen Gebieten ?
Ist Ihnen, sofern Sie Deutscher sind, aus der
Schulzeit in Erinnerung geblieben, was bei den
"Germannen" früher "Vogelfrei", also
vollkommen frei sein, bedeutete?:

"Aus der Gemeinschaft ausgestoßen !"
Von Jedermann, dem dieser Unglückliche
begegnete, getötet zu werden, denn eine andere
Gemeinschaft nahm ihn nicht an.

Also, eine grenzenlose Freiheit, kann es trotz
dem Begehren danach, nicht geben .
Auch der Begriff "Freiheit" muss seine Grenzen
haben !"
Dazu gibt es Gesetze, die den entsprechenden
Rahmen setzen.

"Seine Meinung artikuliert ein normaler
Mitbürger, egal welchen Landes, doch aber,
mündlich oder schriftlich, nur wenn es nicht
anders geht, im öffentliche Raum und dann aber
in einer ordentlichen und menschenwürdigen

Kleidung !"

Zu Fastnacht oder bei einem Dorfest kann das
natürlich abweichen, aber Nacktheit und
Demonstration von Sexualverhaltenweisen als
gymnastische Bewegungen oder Sport
bezeichnet, sollten grundsätzlich als sittenwidrig
gesehen werden.
Allein dieser Einfluss auf unsere Kinder und auch
Jugenlichen, welche immer mehr der Gefahr der
Imunschwächekrankheit ausgesetzt sind, sollte
ausreichende Veranlassung für eine solche
Bewertung sein.
Die Vorbildrolle auch auf diesem Gebiet mit
schwerwiegenden gesellschaftlichen Folgen wird
bisher vollkommen unterbewertet.

Die Gründe liegen vollkommen offen und
eigentlich gibt es nur zwei Gründe dafür.

Der Hauptgrund ist die eigene Darstellung,
- eines diesen Dingen frönenden, kleinen
gesellschaftlichen Teils in den verschiedenen
Ländern.
Meist resultiert das Verhalten aus tiefen
kulturellen Verständnis, jedoch entsteht das
vermeintliche Anspruchsrecht auf große
Darstellung von Menschen heutzutage auf diesem
Gebiet, aus Gründen ungenügender
Möglichkeiten eine Erfüllung ihrer Lebensziele
zu erkennen oder zu realisieren..

Was meinen Kenntnisstand betrifft, werden die
Ansprüche und Interessen in vielen Ländern
durch die dort etablierten Partein in den
Parlamenten vertreten.
Wenn man so will und nach Deutschland sieht,
trägt das Primat dafür die Partei "Die Grünen".
In Schweden, wo das Miteinander der
verschieden Geschlechter noch viel lockerer als
in anderen europäischen Ländern gesehen wird,
liegt die Vertretung dieses Gedankenguts auf
breiter Parteienebene.

Der zweite, aber immer wieder vorn angestellte
Grund für solch Unternehmungen wie in Berlin
oder Duisburg ist, die kommerzielle Ausbeutung
solcher Veranstaltungen.
    Also, unumwunden gesagt, ein
    marktwirtschaftliches Anliegen.

Sollte sich im Laufe der nächsten Jahrhunderte
die Veränderung der Gene in der DNA noch
schneller wie bisher fortsetzen, dann ist der
Abgang der Menschheit ohnehin schneller
erreicht als es bis jetzt vorstellbar war.

So, mit dieser Aussicht auf die Entwicklung des
Sexuallebens möchte ich das Gebiet der "Liebe",
die es in Wirklichkeit nicht gibt, verlassen.

- -

Die "Zukunft", so sagen Eltern zu ihren Kindern :

"liegt in Euren Händen !"

Das ist das ehrlichste Wort, was man sagen kann,
denn es "entspringt" der Wirklichkeit,
der Gegenwart !

Jungen Menschen, welchen diese "gesegneten
Worte" widerfahren, stellt sich sofort die Frage :
"Was sollen wir nun tun, damit es besser oder
anders wird ?"

Da aber nur in seltenen Fällen, von den älteren
Generationen zukunftsträchtige Hinweise
gegeben werden, tragen diese neuen Gedanken
bei der jungen Generation eine
"reiche Blütenpracht".

Zur Verteidigung der "älteren Klasse" muss ich
sagen : "Die "alten Zöpfe" der eigenen
Geschichte verdunkeln ab und an schon noch den
"Weitblick".

Die Kurzsichtigkeit, die uns Menschen im Alter
ohnehin auch beim Lesen plagt, hat sich im Hirn
so fest "gesetzt", dass aus diesem Grund der
überwiegende Teil der Bevölkerung, egal
welchen Landes, sofern diese bisher in gut

erträglichen Verhältnissen gelebt haben der
Meinung sind : "Es könnte noch ein wenig besser
werden, -- aber lasst es mal so wie es ist." --

Und das kommt einem großen Teil der jungen
Menschen "zu passe", da kann man ruhig weiter
"lottern", aber Ansprüche stellen wie bisher und
möglichst noch höhere.

Auf die Erziehung, liebe Leute, kommt es an.
Läuft es zu Hause genau so ab, kann daraus kaum
etwas "Anderes" in die Gedankenfreiheit
entspringen !

Die Konsequenz daraus ist :
"Was ich nicht mit in die "Wiege" gelegt habe,
    kann ich später nicht auf der "Waage des
        Gewissens" wiederfinden !
(Meine eigene Erfahrung mit Kindern.)

Wenn ich, egal wo angesprochen werde, mich
über das zukünftige Dasein von uns Menschen zu
äußern, dann beginne ich meine Ausführung, mit
der   "Prophezeiung des Paradieses".
Da die Vorstellungen aller mir bisher bekannten
Glaubensrichtungen einigermaßen übereinstimmen, müsste es sich auf einer höheren Ebene
(z.B. Himmel) befinden.

In der Bibel, und im Koran habe ich nichts
gegenteiliges gefunden. Somit befanden sich die

ersten Menschen in einem Paradies, wohl
aufgemerkt, auf der Erde!
In anderen Religionen wird das ähnlich gesehen.

Dieses Paradies der Unbefangenheit hat man
ihnen nur aus dem Grund genommen, da sie den
inneren Wunsch verspürten,
           "nach neuen Erkenntnissen"
zu suchen.

Und wenn man heutzutage "regelrecht gehässig"
wäre, könnte man sagen:
" Der "Durst" der Menschen, besonders der, der
Wissenschaftler, habe uns bereits mehrfach an
den "Rauswurf", aus dem heutigen Paradies der
Erde, (damit ist unser heutiges Dasein gemeint)
unmittelbar herangebracht, (siehe Atomtechnik,
Gentechnik usw. usw.) und sie versuchen es
immer wieder !"

Ich bitte Sie jetzt, mich richtig verstehen zu
wollen !

Ich will nicht,und ich fühle mich auch von keiner
Seite dazu veranlasst, die Hinweise von
"Geschichtsbüchern oder anderer Schriften"
auszulegen.

Aber eben die dort beschriebene Auffassung :
"Du sollst haben einen Weinstock und ein Haus
wo niemand drin wohnt als du selbst." Ist eine

phantastische, und auch eines Tages für die
gesamte Weltgesellschaft der Wirklichkeit
entsprechende und für das Leben auf der Erde
zutreffende Prognose !

In dem Fall einer ungehemmten Vermehrung der
Weltbevölkerung, wo sich die Anzahl innerhalb
von wenigen Jahren verdoppeln kann, wird dann
auch dicht an dicht gedrängt, kaum noch ein Haus
(ist als ein Raum zu sehen) für eine Person da
sein.

Und, der "eine Weinstock" bedeutet dann, dass
jeder Mensch aus dem Reichtum der täglich
gesellschaftlich hergestellten Güter, nur so viel
entnehmen kann, und aus moralischen Gründen
sich nur aneignen wird, was er unbedingt zur
Erhaltung "Seinerselbst" benötigt.

Schränke voller Kleidung, die er kaum anzieht,
Schuhe -zig Paare und vieles, was dann in
"früheren Zeiten" hergestellt wurde und sich zu
einem großen Teil in den Verbrennungsanlagen
wiedergefunden hat, kann es gar nicht mehr
geben.

Die weltweit derartig dezimierten Naturgüter
lassen überhaupt keine Alternative zu.
Für den größten Teil unser heute lebenden
Menschen eine Vorstellung, welche weit
von sich "geschoben" und als Horrorfiktion mit

Kommunismus verbunden wird.
Als Begründung dafür meint man:
"Bis dahin vergehe noch viel Zeit !"

Na, na !
Bitte urteilen Sie nicht so voreilig!
Betrachten Sie die Verhältnisse in Afrika, zum
Teil in Indien und auch in China, man kann fast
sagen im ganzen "Süd - und fernöstlichen
Raum".

Trotz großen Bemühungen dieser Menschen,
diese Situation zu verändern, wird es keine
Anpassung an den Lebenstandart, der sich
heutzutage als "fortgeschrittene Zivilisation"
bezeichnenden Länder Europas und
Nordamerikas, geben.

Ein allgemeiner "fast nahtloser Übergang" in
diese von geringerem Lebensstandart
gekennzeichneten Bereiche ist doch heute schon,
vielerorts angesagt aber klappt einfach nicht.
Das Süßwasser ist äußerst knapp geworden,
Flaschenware ist angesagt.
Treibstoff für so etwas, wie ein eigenes Fahrzeug,
diese Idee ist doch meistens dort schon eine
Phantasie geworden.

Vergessen wir bitte nicht, in China gibt es bereits
im Interesse des ganzen Volkes und das mit
gutem Recht, eine aktive Einflussnahme auf den

Bevölkerungszuwachs durch den Staat.
Von der westlichen Welt, und dort besonders den
Kirchen als "unmenschlich" beurteilt.
Aber stellen Sie sich nur einmal ganz
oberflächlich vor, jedes Menschenpaar erzeugt
vier oder fünf Kinder, und diese sollen doch
gesund groß werden.
China müsste dann vollberechtigt feststellen:
"Der Lebensraum für diese Menschenmassen ist
zu eng geworden".

   Ein Volk ohne Raum !
 Haben wir diesen Ruf in unserer Geschichte
nicht schon einmal gehört ?

Was tun ? Etwa Hitler seine These umsetzen und
Krieg gegen andere Völker führen ?

   Eben, - Nein, - zu sagen !
Sehen Sie, dass ist der Vorteil eines, mit einer
Zukunftsprognose :
  "Neuzeit `belastetem´ Staatssystems !"
Wenn ich ebenfalls dabei an Indien oder
gleichgelagerte Länder denke, so besteht die
Tendenz darin, dass sich die Familien vorrangig
Söhne wünschen und Mädchen geringere
Chancen haben, das Licht der Welt zu sehen oder
aufzuwachsen.

Das Problem besteht einfach darin, dass es kein
"soziales Netz" gibt, was die Eltern im Alter

"auffängt" und sie somit, voll "auf Leben oder Tod" von ihren eigenen Kindern abhängig sind.

Da in der Regel Männer noch eher eine Arbeit finden, widmet man diesem Geschlecht mehr Aufmerksamkeit.

Mädchen, mehr wie eins, sind bereits ein größeres Problem.
Die müssen einen Mann finden, Männer sind genug da, aber diese können sich kaum eine Frau "leisten, und Kinder ohnehin nicht."
Außerdem kostet eine Frau viel, viel finanzielle Mittel oder andere Wertgegenstände, welche an den Klan, Sippe oder der Familie, egal wie man diese Verbände von Verwandten territorial verschieden benennen mag, entsprechend dort üblicher Regeln bei einer Verehelichung zu entrichten sind.

Dieser herbeigeführte Zustand hat allerdings üblicherweise die Folgen, dass sich diese Frau (nach europäischen Gesichtspunkt "bedauerliches Wesen") dann im persönlichen Besitz ihres (teilweise zugeordneten) Mannes befindet.
Diese eben angeführten sozialen Konstellationen beeinflussen die Lebensweise der Männer erheblich.

Homosexualität ist in diesen Ländern dem entsprechend die normalste Angelegenheit überhaupt.

Aber auch in jenen, "welche sich als entwickelte
Länder" bezeichnen und massenweise
Saisonarbeiter, zwecks Arbeitsleistung für
längere Zeit aus andern Ländern herbei holen
oder geholt haben.

Und das sind nun auch die Länder, in welchen
das HIV - Virus seine besten
Vermehrungsgrundlagen findet.
Die zeitweilige Rückkehr dieser Männer in ihre
Familienverbände befördert dann zusätzlich, die
explosionsartige Ausdehnung dieser Krankheit.

Wer sich der Illusion freiwillig öffnet, diese
Krankheit könne besiegt oder einmal geheilt
werden, versetzt sich und andere in eine
frühzeitige tödliche Gefahr.

Wenn man ein gläubiger Mensch wäre, könnte
sogar der Gedanke aufkommen :
" Der Herr" räche sich mit dieser Krankheit an all
denen, welche sein Gebot für das
"Zusammenleben seiner Kinder" nicht einhalte.

"Nichtgläubig ?"
Wohl gemerkt, da stimmt der Kern dieses
Gedanken sogar !

Konstruieren wir einmal gemeinsam die ideale
Lösung :

"Wieso ist es erforderlich, dass sich Mädchen und Jungen bereits in einem sehr frühen unerfahrenem Alter mit Geschlechtsverkehr befassen müssen ?

 Das Problem ist :
Junge Menschen müssen heutzutage unter einem Gruppenzwang zur Kenntnis nehmen, dass es nicht "geil" sei, sich einem frühzeitigen Sex zu verschließen, dass es ebenfalls nicht "geil" sei, sich gegenüber den Anderen --sich nicht -- als Erwachsener, schöner, hübscher, anziehender "darzustellen"!

Preise müssen niedrig sein, das ist "geil", die Veranstaltung war "geil" usw.

Wie verkommen sind wir eigentlich schon im Sprachgebrauch und der Darstellung der Bedeutung eines deutschen Wortes geworden ? Das ist nicht eine Frage unserer heutigen Zeit, sondern des Zulassens des Verkommens einer ganzen Kultur !

"Wieso können junge Menschen mit dem ersten SEX nicht warten, bis sie der Meinung sind, den richtigen Partner für das Leben gefunden zu haben ?
"Und warum wird nicht die Möglichkeit genutzt, sich durch einen Test vorher Sicherheit über die körperlichen Zustände beider als "für einander

bestimmten" einzuholen ?"

Das Wichtigste dabei ist aber, dass weltweit die Tests kostenlos und jederzeit durchführbar sein müssen.

Und, wieso ist es erforderlich, dass erwachsene Menschen die die Gefahr kennen, ungeschützten Verkehr miteinander pflegen nach dem Motto : "Es wird schon nichts passieren, und nicht erst fragen, bist Du negativ oder positiv getestet ?

Die Antwort könnte sein : ja, negativ.
Und wann ? "Augenblick mal, vor ein paar Wochen".

Na, gut, aber inzwischen weiter keinen Sex gehabt ? "Doch, ein, zwei Mal".
"Und, hast du dein/deine Partner /Partnerin gefragt ob sie bei einem Test negativ reagiert hat ?
- Ja, die/der Eine/Einer hat gesagt alles "o k", der/die andere sagte ich habe ein positives Ergebnis, aber wenn wir uns entsprechen schützen könnte nichts passieren !

Aber diese Auffassung kann möglicherweise, in dem Moment wo ich das schreibe, zeitlich bei dem, oder der Person schon der Vergangenheit angehören.

Da bekannt ist, dass sich dieser Virus in
Körperflüssigkeiten aufhält und über diese seine
Weiterverbreitung organisiert, wird er jede im
gegebene Möglichkeit seinen Wirkungsbereich
zu erweitern nutzen.

Ein Virus ist der anpassungsfähigste Vertreter
aller als "lebend zu betrachtenden Organismen"
und besitz nur eine Erbinformation die
sogenannte D N A.
Diese muss sich erst in eine intakte Zelle
einschleichen, um deren Erbinformation zu
löschen oder maßgeblich so verändern, dass diese
nun selbständig seinen HIV - Typ herstellt und

ihn in den Blutfluss seines Wirts entlässt.

Vorstellbar ist auch, und ich hoffe der Moment
ist in der Wirklichkeit noch nicht angekommen,
dass der Virus sich auch im Speichel aufhält,
dann ein einziger Kuss für eine Ansteckung
ausreicht.
Ironisch, wie ich sein kann, könnte das bedeuten,
dass dann zukünftig, der "sogenannte
Nasenkuss", wie er in . . . . . (" Ich bedaure es,
aber im Moment fällt mir der Name des Landes
nicht ein") als Bekenntnis der Freundschaft
gepflegt, seine allgemeine Anwendung erfährt
oder erfahren wird.
(Aber bitte den Schnupfen dabei beachten!)

Ein noch schlimmeres Szenarium ist in Sicht und in der weiteren Zukunft vorstellbar, dass wenn ein H I V - positiver Mensch, welcher vielleicht nur eine ganz kleine Wunde hat und mit dieser, einen noch nicht Infizierten berührt, eine Übertragung über die Haut erfolgen könnte. Vorstellbar ist auch bei der weiteren Anpassung dieses Virus, dass er bei einem eventuellen Auswurf von Speichel wie bei TBC, aktiv werden kann, oder sich über einen anderen Zwischenwirt, denkbar über das Schwein, in den großen Lebenskreislauf von uns Menschen einschleust.

Dann ist allerdings das Programm der Menschwerdung so gut wie vollendet und abgeschlossen.

- - Die Zukunft - -

Bei der Betrachtung der in diesem Zeitraum entstehenden Momente und voraussichtlichen Veränderungen setze ich voraus, dass der Leser und eventuelle Kritiker oder Verbreiter dieser meiner Annahmen sich darüber klar ist, dass bestimmte angeführte Geschehnissen sich in mehreren, zum Teil weiträumigen Zeitverläufen

ereignen, also " prophetische Charakterzüge "
tragen.

Befragt man seine Zeitgenossen nach ihren
Vorstellungen für diese Epoche, kann man fast
durchweck die gleiche Antwort erhalten:

Wir wollen ein sicheres Leben, gleiche Rechte,
Arbeit, genug Essen und Trinken, eine schöne
Wohnung und über viel, viel freie Zeit verfügen
können.

"Wollen" , (das Wort: "möchten" , wird
heutzutage diesbezüglich überhaupt nicht mehr
verwendet) finanzielle Sicherheit, reisen wohin
man will, denken und sagen können, ob es
jemanden passt oder nicht, frei sein und tun und
lassen wie es einem in den Kopf kommt, dass
sind " festgefahrene" Meinungen und
Vorstellungen, die in der Zukunft im Komplex
nicht mehr zu realisieren sein werden und
heutzutage bereits zu einem großem Teil
illusionären Charakter angenommen haben.

Die Beantwortung der Frage: "Was meinen Sie,
wer in erster Linie dafür die Verantwortung zu
tragen hat", ist gar nicht so unterschiedlich, wie
man zuerst denken möge.
Die meisten sagen : "Die da `Oben´ seien dafür

zuständig.
Früher meinte man damit den "Himmel" und
`Unten´ die Hölle.

Heutzutage und sicher auch noch in sehr naher
Zukunft sind damit "oben" die Regierungen, und
für "unten" Wirtschaftsbosse und Financiers, die
im Allgemeinen für die bestimmten Notstände
immer wieder erneut sorgen, gemeint.
Da bekanntlich eine zukünftige Zeitepoche
schwierig zu erkennen ist, kann es durchaus
möglich sein, dass gewisse "Neunmalklugen" mir
vielleicht eine Horrorphantasie nachweisen
wollen.
Aber bitte schön, versuchen Sie doch selbst
einmal eine Alternative unter dem Gesichtspunkt:
"Die Erde ist fast vollkommen ihrer Reserven
beraubt" zu installieren.

Nach den verhältnismäßig realen, sich von der
Gegenwart anbietenden gesellschaftlichen
Tendenzen und der sich aus der Historie der
Menschheit wissenschaftlich abzuleitenden
Vermutung, geht der ganz, ganz grob beurteilte
Weg naturgesetzmäßig in eine, ich erkenne an,
vielen Menschen und besonders
Wirtschaftsexperten sowie deren Gefolge und den
heutigen politischen Kräften, unangenehme
Richtung.
Ehe es jedoch in vollem Maß soweit ist, wird
noch "eine kleine Weile Zeit" vergehen müssen.

Dennoch sei festzuhalten, dass diese neue
Gesellschaftsepoche, zeitlich gesehen, von den
gegenwärtigen gesellschaftlichen
Produktionsvermögen (besonders dem rasend
schnellem wissenschaftlichem Fortschritt auf
allen Gebieten, den finanziellen weltweiten
Verquickungen) vorangetrieben wird und dadurch
wieder gesetzmäßig (also zwangsweise) andere
gesellschaftlichen Verhältnissen verlangt und
auslösen wird.

Allen augenblicklichen und in absehbarer Zeit
noch bestehenden individuellen, wirtschaftlichen
und teilweise politischen Wünschen zum Trotz,
wird das ökonomische und menschenbezogene
Dasein dann den Grundzügen, mit allen seinen
"Geburtswehen und Ausuferungen" in seinen
Grundzügen der von Karl Marx und weiteren
Philosophen, als kommunistische Epoche
vorhergesagt und beschrieben, entsprechen.
Aber zur Beruhigung empfindlicher Nerven,
diese Zukunftsepoche wird mit den als
kommunistisch gewesenen oder heute
bestehenden Wirtschaftsformen bei weitem,
kaum annähernd identisch sein !
Seine Existenz wird eine zukünftige Zeit von
zirka 3.000 bis 10.000 Jahre und sicher noch
darüber hinaus beherrschen.

Was ich dabei als sehr wichtig ansehe ist, dass

die augenblicklich lebende Menschheit sich, ein
und für allemal, von der mit dieser Bezeichnung
einhergehenden Phantasie:
"Alles gehöre allen und eine Privatsphäre gäbe es
    nicht mehr", trennen sollte und muss.
Nach damaligem, im 19. Jahrhundert bestehen-
dem Verständnis war damit ein gesellschaftliches
Gemeinwesen gemeint, welches auf der Basis
von Kommunen bestehen und organisiert sein
sollte.
Nach wie vor nennt man heute in Schweden
große, zu einem Landesbereich zusammengefaßte
Territorien, Kommunen und wenn man durch
dieses Land fährt, begegnet einem dieses Wort
ständig.

Sofern die augenblickliche Menschheit noch am
Wortende "Ismus" wie eben Kapitalismus,
Bolschewismus, Menschewismus,
Internationalismus, Nationalismus, Fanatismus
usw. usw. wie eine Spinne am Seidenfaden ihres
eigenem Gespinst hängt, dann ist es an der Zeit,
dass das aus der griechischen Sprache entliehene
Wort "Ismus", da es abwertend für "bloße
Theorie" Anwendung findet, wegen zu geringer
Aussagekraft in die Historie der Menschheit
versetz wird.

Sollte es dennoch wegen einer reinen
Wortaussage Problem und damit erhebliche
Antipathie gegen bestimmte Bedingungen geben,

dann muss man bereit sein, für die entsprechende Angelegenheit einen zutreffenderen, also verständlicheren Ausdruck zu finden.
Am Inhalt dieser heranwachsenden Gesellschaft wird sich dabei jedoch, egal wie diese benannt würde, ohnehin nichts ändern.

Weiter oben habe ich eben die Ergebnisse der überwiegenden Meinung meiner Umweltbürger zitiert.
Das Interessante an Marx seiner Zukunftsvision ist aber, dass diese auch mit den Wünschen der heute lebenden Generationen auf unserem Erdball übereinstimmen.

Was ihm vorzuwerfen wäre, -- ist allein die Tatsache, und das führte in der Folge zum völligem Widerspruch in dieser Angelegenheit, dass er sich erlaubte, diese Hoffnungen und Versprechungen fast aller Religionen, - " Nach dem Tod das Paradies im Himmel zu finden" - mit seinem Gesellschaftsentwurf -- diese Bedingungen bereits zu Lebzeiten der Menschen
"auf die Erde" zu holen.

Seine Auffassung besagt damit nicht, dass die Erwartung auf ein himmlisches, allerdings Seelenleben, unrealistisch sein muss.

Die sich entwickelnde neu Gesellschaft wird aber das lebendige Dasein auf diesem Gebiet, weil es der Wille der Menschen ist, verwirklichen.

Die Verunsicherung, die trotz besserem Wissen
von herrschenden gesellschaftlichen Kräften in
die augenblicklich lebende Menschheit
ununterbrochen hineinposaunt wird,
hat nur einen einzigen allergischen Grund :

"Die augenblicklichen wirtschaftlichen
Bedingungen nicht der Neuzeit anpassen zu
wollen."

Als einziges dafür taugliches Argument
verwendet man immer wieder das Wort :
"Privateigentum". Dieses sei das Einzige was den
Erhalt einer Gesellschaft garantiere.

Im Prinzip kann man persönliches und privates
Eigentum "in einen Topf" werfen.
Meistens wird es sich vertragen aber dennoch, ich
hoffe, dass jeder Leser den feinen Unterschied
zwischen "persönlichem Eigentum" und
"Privateigentum" kennt.

Zum ersteren gehören zum Beispiel : alle Ihre
Körperteile, der Ring welchen Sie sich durch
rechtmäßigen persönlichen Kauf angeeignet,
geschenkt bekommen oder geerbt haben.- Noch-!
Aber nach dem Tod wird das, eventuell in Ihrem
Korpus aufgefundene Gold nicht Ihren Erben
übergeben.

Und da Sie nach dem Tod auch keine Person
mehr sind, gehören Sie dem Staat.

Die Meinungsmacher verschweigen aber immer
intensiver, dass das sogenannte wirtschaftliche
Privateigentum" - nicht - in jedem Fall direktes
persönliches Eigentum ist.
Seine deklarierte und angenommene Gemeinsamkeit soll die Menschheit in Schrecken
versetzten und davor abhalten, andere
wirtschaftliche Bedingungen zu verlangen.

Prüfen wir doch ganz einfach die Lage nach dem
Finanzkollaps vergangener und noch heutiger
Tage.
Die Anzahl der Unternehmen, welche einer
einzigen Person gehören und aus dem "Ergebnis"
nur deren "persönlichen Arbeitsleistung"
finanziert und erhalten werden, ist doch minimal,
eigentlich verschwindend klein.

In dem Moment wo ein Kredit in Anspruch
genommen wird, ist der Anspruch auf die
Bezeichnung "persönliches oder Privateigentum"
bereits passé.

Und das zum Nachdenken !
Unsere wunderbaren Konzerne sind schon lange,
durch die Inanspruchnahme von Aktien von
Bürgern des jeweiligen oder Auslands zu :
"Ja so ist das wirklich", entsprechen deren Anteil

zu "volkseigenen", oder bei Mitfinanzierung durch den Staat zu "halbstaatlichen Unternehmen" mutiert.
Und so kann man berechtigt sagen :
"Es grüßt Sie, seit dieser Inanspruchnahme von Finanzierungen von weitem, die weltweit verpönte ehemalige sozialistische Gesellschaft !"

Bei dieser Feststellung braucht keiner in Panik geraten, denn dieser gesellschaftliche Prozess in Richtung einer neue Gesellschaftsform verläuft, von vielen Menschen kaum beachtet und schon gar nicht bemerkt, seit Jahrzehnten oder besser gesagt, weit über einhundert Jahren auf der gesamten Erde unaufhörlich ab.

(Die "Meisten" erkennen es auch nicht, weil Ihnen solche Sachbezüge, wider besseres Wissens, verheimlicht werden und auch die Sachkenntnis fehlt.)

Zwar unterschiedlich schnell, aber im gesetzmäßigem Zyklus von aufeinander folgenden Gesellschaftsformen, ist der Zeitraum von zweihundertfünfzig Jahren bis zu der augenblicklich höchst entwickelten Wirtschaftsform, Kapitalismus, ein verhältnismäßiger kurzer Zeitraum.
Dieser, mit seiner als "Freie Marktwirtschaft" deklarierten Existenz, hat nun allerdings seinen Zenit erreicht und bereits weit überschritten.

Es sei erinnert : Urgemeinschaft,
Sklavereistaaten, Feudalstaaten, rein bürgerliche
Staaten, finanzkapitalistische Staaten, alles
Entwicklungsstadien in der menschlichen
Entwicklung auf unserer Erde und die
sozialökonomische Bewegung geht unablässig
weiter.

Und da alles einmal ein Ende hat, muss man eben
damit leben und sich den objektiven
Gegebenheiten anpassen oder unterordnen.
So einfach, wenn auch unbeliebt, ist eben diese
geschichtliche Tatsache.

Selbst das Auswandern auf einen anderen
Planeten, sofern es möglich wäre, würde zu
keinem anderem Ergebnis führen.
Der dortige Anfang wäre strenge Planwirtschaft,
meinetwegen auch als Mangelwirtschaft
bezeichnet, denn das Wenige was es da gäbe,
müsste ganz gerecht und den jeweiligen
Bedürfnissen des Einzelnen angepasst "verteilt"
werden.

Aus diesem Grund, wird auch die Zukunft auf
Erden, nicht mehr vom Überfluss an Produkten
und von einem maßlosem Konsum einer
Wegwerfgesellschaft bestimmt werden.
Sparsamkeit auf allen Gebieten ist die Devise
dieser letzten Epoche des Bestehens der
Menschheit auf diesem Globus.

- -

Den Begriff: "Im Namen des Volkes" wird es
nicht mehr geben, denn bei der weltweiten
Verschmelzung der unterschiedlichsten Rassen
und Volksgruppen, ganzer Völkerschaften kann
von dem obigen Verständnis des Wortes keine
Rede mehr sein.

Auch eine Redewendung im "Namen der
Gemeinschaft" würde bedeuten, dass ein Urteil
zum Beispiel einer Sekte oder kleinen Gruppe
von Menschen über das "Wohl" eines Einzelnen
entscheiden könnte.

Selbst in den jetzt vergangenen Zeiten hatte der
Begriff keine klare Abgrenzung.

Die Richter wurden im Prinzip nicht öffentlich
vom "Volk" gewählt.

Parteien und, oder gewisse Strömungen mit
erheblichem Einfluss legten die Mandate für
bestimmte und gewünschte Mitglieder der
Gesellschaft fest.
Für den Begriff : "für Recht und Ordnung" wird
es andere Begriffe geben welche sich aus der
Vorstellung von "Moral und Ethik" geistig
ableiten.

Das gleiche Schicksal ereilt den Begriff
        "Gleichheit"!

"Gleichheit" ist eine Fiktion des Gehirns der
Menschheit.
Da "Jeder" von uns, selbst sein Zwilling, nicht
der vollkommen "Gleiche" sein kann, und somit
einen ganz anderen Mensch darstellt, ist dieser
Begriff ebenfalls nur ein "Zauberwort".
Es wird nur allgemein verwendet, um einzelnen
Personen wie auch Massen von Menschen zu
suggerieren, es bestehe eine vollständige Identität
(völlige Gleichheit) in der Wahl und Vorstellung
ihres Lebensziels.

Also, "Gleichheit" für alle von uns, wird es nicht
geben können.
Was stellt denn dann aber der Mensch, wenn wir
nicht bei Zeiten dagegen steuern, in der Zukunft
eigentlich dar ?

Er wird sich immer mehr zu einem, durch eine
unsinnige Vernetzung von digitaler
Informationstechnik mit dem biologischem
Daseinswesen (noch Mensch genannt) zu einem
geistig hoch entwickeltem, rund um die Uhr für
die vielfältigsten Zwecke abrufbaren, zunehmend
anatomisch degenerierendem
Individuumskrüppel entwickeln.

Wer sich diese eben beschriebene, ganz grobe

Vorhersage heutzutage noch nicht vorstellen
kann, braucht sich nur die neuesten
wissenschaftlichen Erkenntnisse, die bereits zur
Zeit in der Praxis angewendeten werden und die
öffentlich, für die Zukunft vorgestellten
Anwendungsmöglichkeiten, etwas näher
            "zu Gemüte" ziehen.

Demjenigen, welcher dazu den Mut findet sei der
Rat mit auf den Weg gegeben :
"Eine Erfindung oder Verbesserung irgend einer
Sache soll immer, an erster Stelle dem Erfinder
ein höheres persönliches Ansehen erbringen,
seinen Lebensunterhalt sichern bzw. helfen sein
finanzielles Vermögen weiter aufzubauen !"

Er könnte ansonsten an irgend einer Maschine
arbeiten oder per Handarbeit die Kohlköpfe auf
dem Acker eines Landwirts einsammeln müssen.
Also, das Ziel ist immer der Eigennutz, und der
Existenzkampf ist vorrangig.

    Dabei braucht man überhaupt nicht in das
            einzelne Detail "hinabzusteigen".
        Die heute lebende Menschheit,
            - "wohl aufgemerkt," -
    wir in den sogenannten hochentwickelten
Ländern, haben glücklicherweise die besten
Zeiten der Menschheitsgeschichte auf diesem
Erdball erleben dürfen.
Jedoch die Zeiten sind vorbei und auch wir

werden uns bereits jetzt auf weit geringere
durchschnittliche Daseinsexisten einstellen
müssen.

Das zur Zeit stärkste Reizthema :
    "Die Atomenergie"
ist insgesamt gesehen, dabei noch das kleinste
Übel !
Nach dem nächstem großem Problem mit einem
Meiler wie in Rußland oder Japan, und so etwas
kommt mit sehr großer Wahrscheinlichkeit in
Folge wieder einmal auf uns zu, werden wir
ohnehin andere Wege beschreiten.
Der Atommüll ist zwar keine besonders gute
Angelegenheit, aber die immer wieder zu hörende
Drohung, dass dieser noch Millionen von Jahren
strahle, hat für die Menschheit eine so lächerliche
Bedeutung, als ob man jemandem sagen würde :

"Passe in der Eishalle auf der Schlittschuhbahn
 gut auf, du könntest über einen Stein stolpern."

Bereits viel früher als in einhunderttausend
Jahren lebt schon lange kein einziger Mensch
mehr auf diesem Planeten und heute, wo die
Zukunft bereits begonnen hat, will ohnehin keiner
mehr nachweisen und wissen, ob und wie hoch
die Wasserdampfwolken aus den Kühltürmen der
Atommeiler radioaktiv verseucht sind !
    Für die Allgemeinheit natürlich :
        "Nicht belastend".

Viel schlimmer für die Menschheit ist die schon
heutzutage und in der Zukunft sich noch
vervielfältigende Dynamik bei der Anwendung
der Gentechnik.
Man wird nach wie vor unter dem "Deckmantel"
- von angeblichem Hunger auf Erden,
- unzureichenden Schädlings- und
  Unkräuterbekämpfungsmitteln, wegen
- angeblicher Bekämpfung von Krankheiten und
  herbeigebrachten Halbwahrheiten die
  unvernünftigsten und schädlichsten
  Veränderungen an den Genen aller
  Lebensformen (offiziell als Experimente
  bezeichnet), planmäßig durchführen und so
  "hintenherum" in der Praxis einführen.

Denken wir dabei nur einmal an eine einzige
Pflanze, den Raps.

Es ist doch ein unerhörter Betrug, wenn
behauptet wurde und noch heute selbst
Wissenschaftler bereit sind zu bestätigen, dass
nicht der ganze Bestand dieses Kreuzblütlers (die
Blüte mit ihrer bestimmten Zahl von
Blütenblättern) auf der ganzen Erde kontaminiert
(Verunreinigung, Verseuchung) werden könnte.
Jedoch ist es nur eine Frage der Zeit, dass dieser
Prozess ohne ein weiteres Zutun von Menschen
auf andere Gewächse der gleichen
Pflanzengruppe übergreift.
Betroffen wären dann zum Beispiel Rettich,

Radieschen, alle Kohlsorten, Kohlrabi, Senf aber
auch alle Hybriden (Ergebnisse von Kreuzungen
gleicher und ungleicher Arten oder Gattungen)
sowie auch besonders wildwachsender Pflanzen.

Die bekanntesten Genmanipulationen sind noch
die bei der Sojabohne, dem Reis, den Kartoffeln,
den Schimmelpilzen bei der Herstellung von
Käse usw. usw.
Insgesamt ist die Anzahl bereits fast
unübersehbar, und für den "Laien", den als
"gewöhnlichen Homo sapiens" bezeichneten,
derzeit und auch zukünftig nicht nachvollziehbar.

Wenn man so manchmal nebenbei hört :
   "Die Ärzte wären die größten Feinde des
               Menschen",
so ist dieser Ausspruch, sofern es sich nicht um
den Tatbestand der Feststellung des Hirntodes
handelt, um dadurch einen möglichst frühen
Zeitpunkt für die Entnahme von Organen zur
Weitervermittlung an "Bedürftige" zu ermitteln
und dabei diesem Handeln "Tür und Tor"
geöffnet werden, eine sehr, sehr
hinterfragungswürdige Auffassung.

Vielmehr ist dieses Feindbild zu einem großem
Teil der Industrie anzulasten, welche
Medikamente, Nahrungsmittel und Getränke
herstellt oder importiert.

Bis vor kurzer Zeit konnten noch bestimmte
Insektenvernichtungsmittel die in Deutschland
produziert, hier unter Anwendungsverbot
standen, ins Ausland exportiert werden.
Diese, bei den Insekten das Nervensystem
zerstörende Mittel, bei Apfelsinen und Bananen
usw. dort angewendet, eroberten so mühelos
deutsche Tische.
Billig, attraktiv wohlgefällig für das eigene Volk.

Im Fernsehen konnte man die Ergebnisse bei den,
die Mittel anwendenden bedauernswerten
Menschen auf dem Südkontinent, an ihrem
Körper sehen.
Nun denke man bitte nicht, bei uns sei alles "in
Butter" also o k.

Haben Sie eigentlich schon einmal darüber
nachgedacht, dass die
"freie Marktwirtschaft" in Wirklichkeit eine
Anarchie (Gesetzlosigkeit auf dem Gebiet der
Wirtschaft, einschließlich des Finanzsektors)
bedeutet ?

Das meine Auffassung diesbezüglich richtig sein
muss, hat doch die eben noch bestehende
Krisensituation offengelegt.

Die dadurch entstandene Anomie (Sozialer
Zustand , in dem die Stabilität der sozialen

Beziehungen gestört ist) wird die
Weltbevölkerung auch nicht so schnell wieder
verlassen.
Einhundert Jahre sind dabei überhaupt kein
großer Zeitabschnitt.

Sofern in absehbarer Zeit nicht vernünftig
dagegen gesteuert wird, ist die nächste
Superspringflut auf diesem Gebiet bereits in
Sicht, dann aber noch verheerender als die letzte.

Wenn man dann noch die Gedanken,
möglicherweise auch die Absicht eines
amerikanischen Präsidenten zu hören bekommt
"Amerika beanspruche für sich die Übernahme
der gesellschaftlichen Führung auf der Erde",
dann kann einem, sofern man sich diese
abenteuerliche Auffassung noch verinnerlicht,
nur ein eiskalter Schauer, der auch noch langsam,
langsam auch das Innere des Körpers zu
erreichen sucht, den Rücken herunterkriechen.

Viele solcher Meinungen, hat es meiner Kenntnis
seit 1933 und meinen eigenen
Verständnismöglichkeiten seit 1938, noch nicht
gegeben.

Das Interessante dabei ist aber, noch kein Staat
oder Führung einer Gesellschaft hat das seit
Menschengedenken geschafft und ist, sofern
angestrebt, wie die Historie beweist, über kurz

oder lang, daran zerbrochen.
Und eben aus diesem Grund, ist und wird es auch
dieses Mal eine utopische Phantasie bleiben.

Bedauerlich ist nur, dass in solchen Fällen, wo es
sich doch um hochgebildete Vertreter des Volkes
handeln müsste, sich solche gegenwartsverdrehte
Auffassungen entwickeln können.
Aber was stellen, nach einigen Überlegungen
Führer einer Nation nicht alles an, um die
Bevölkerung zu beruhigen, regierbar zu erhalten,
die im Lande vorhandenen Expansionskräfte in
Stimmung und gute Laune zu versetzen.
Letztlich aber vorrangig, seine eigene Existenz,
seine persönlichen Interessen und die der anderen
verbündeten Kräfte zu sichern.

Wie also weiter ?

Die naturgemäße Geschichte der Menschheit
klärt die Lage immer ohne nach den Wünschen
seiner augenblicklich lebenden Individuen zu
fragen.
Dafür hat sie gewissermaßen
        "Vorsorge walten lassen",
indem sie es so einrichtete, dass das Bewusstsein,
also die Erkenntnis seiner Mitglieder, immer der
Wirklichkeit "hinterher hinkt".

Aus diesem Grund musste es auch der Erkenntnis der Menschheit entgehen, dass sich ihre Gesellschaften, bereits seit der Entwicklung in frühesten Zeiten ihrer Existenz, in der Phase einer Planwirtschaft befinden.
Ohne die Nutzung von grundsätzlichen Details dieser Wirtschaftsform, wäre eine Existenz der Menschheit über die Ursprünge einer einfachen Mundversorgung aus seiner Umwelt heraus, unmöglich geworden.

Damit sind wir endlich gezwungen, das bisherige Streitthema "Marktwirtschaft" frei- oder unfreiwillig zu verlassen.
Fakt ist nun einmal, dass alle Güter welche wir in den kommenden Zeiten gesellschaftlich konsumieren wollen (bei Konsum darf man nicht nur an essen, trinken, und Bekleidung denken, sonder es betrifft alles was eine Menschheit für seine Existenz benötigt), wie schon etwas früher erwähnt, erst mit viel gesellschaftlichem Aufwand hergestellt werden muss und nicht in endloser Menge zur Verfügung steht

Und an diesem Prüfstein wird ein Teil von
        Karl Marx. seiner Vorstellung,
"dass es auf Grund des hohen Stands der materiellen Produktion in der neuen Gesellschaft einen Überfluss an Konsumgütern geben werde",
        scheitern.

Selbstverständlich konnte er, in Voraussicht der
Entwicklung der jetzt überholten und
vergehenden Gesellschaft
von einem Überfluss ausgehen.
Dieser Zustand wurde ja auch in den technisch
entwickelten Staaten in den vergangenen
einhundert Jahren erreicht.

Für seine als "klassenlose Gesellschaft"
charakterisierte Gesellschaftszukunft kann sich
das aber, aus Gründen ihres personellem
Zuwachses, nicht erfüllen.

Also ist und bleibt die beste und längste
Erfahrung der Menschheit:
"Die Planwirtschaft",
den modernen gesellschaftlichen Bedingungen
angepasst, der alleinige Gegenstand und
"Schlüssel" für ihre weitere Zukunft.

Wer das nicht wahrhaben will, möge sich nur
kurz einmal die Verteilung (da nicht mehr genug
da ist) von Mitteln und Gegenständen für den
täglichen Bedarf nur durch Privatunternehmen,
oder wie am Ende des vorigen und jetzt begonnen
neuen Jahrhunderts nur durch Hilfsorganisationen
vorstellen.

Nein ! Vorstellen brauch er sich das nicht mehr,
denn Beispiele dafür gibt es in Amerika, Europa

und Asien und jetzt auch in Europa massenhaft.
Ein Chaos ohne Ende mit Millionen
dahinsiechenden und flüchtenden Menschen.

Also besteht die so genannte "Alternative der
Zukunft" nur in einer, gesellschaftlich gelenkten
"Ausbeutung", Herstellung, Verwendung und
Verteilung des auf unserem Planeten
Vorhandenem.

Alle anderen in der menschlichen Entwicklung
durchlaufenen Wirtschaftsformen haben,
ausgenommen die Uhrgemeinschaft, der
Menschheit bewiesen, dass sie nicht in der Lage
oder auch nicht gewillt waren, die Vergeudung
von Naturprodukten, von wissenschaftlichen
Erkenntnissen, anderen Errungenschaften und
vieles mehr zu stoppen, mindestens aber, "leider
zwangsweise" einzuschränken.

Und wenn es aus diesem Missverhältnis eben
keinen "freiwilligen" Ausstieg gibt, obwohl
dessen Notwendigkeit erkennbar ist, dann reifen
eben eines Tages die materiellen
Gesetzmäßigkeiten heran und können dann
allerdings zu einer plötzlichen Veränderung
führen.
Aus diesem Grund kann man als Philosoph
immer nur sagen und fragen :
"Warum wollt ihr einfach die "Zeichen" der Welt
            - nicht - erkennen ?

Bekanntlich ist Vorsorge besser wie Heilung, und wer der Menschheit, wie alle immer beteuern, eine Verbesserung der Verhältnisse verspricht, muss sich selbst erst einmal seine alten Zöpfe abschneiden, damit der neue Haarwuchs frei von Kopfläusen sich entwickeln kann.

Diese Gedanken sollten für die Läuterung, des veralteten und von der Zeit überholtem, ehemaligem bürgerlichem Gedankengut der abendländischen, sowie deren Ableger, der nordamerikanischen Zivilisationsvorstellungen, genügen.

- -

Nach welchen ökonomischen Gesichtspunkten könnte denn dann, wenn der Sparsamkeit die höchste Priorität zugestanden werden muss, die Güter für täglichen Bedarfs der Mitglieder der Gesellschaft "gerecht verteilt" werden ?

Technisch ausgedrückt :
- nach dem Nutzen, des gesamtgesellschaftlich
       erbrachtem Ergebnisses,

- nach dem dafür im Detail aufgewendetem
       Lebenszeitfonds.

- nach dem physischem und psychischem
  Energieaufwand in einer bestimmten
  Zeiteinheit.

1. Anstrich
   Hierbei handelt es sich um ein
marktwirtschaftliches Kriterium was sich bereits
seit frühester Menschheitsgeschichte bewährt
hat.
Noch nach heutigem Verständnis ausgedrückt:
"Was keinen Gebrauchswert besitzt ist
vollkommen überflüssig und umsonst hergestellt,
und ein sinnloser Aufwand kann keinerlei
Vergütung finden."

2. Anstrich
   Die schon ganz schön weit fortgeschrittene,
aber dennoch am Anfang stehende Forschung auf
den Gebiet der Genetik wird es sogar schon in
naher Zukunft ermöglichen, die
Lebenszeiterwartung eines Menschen zu
analysieren.

Warum soll es in späteren Zeiten nicht möglich
sein, dass man sich über ethnische Vorbehalte
gerechtfertigt hinwegsetzt, und von den
Menschen, die eine genetisch längere
Lebenserwartung haben, einen höheren oder
längeren gesellschaftlichen Einsatz und im
umgedreht Fall natürlich einen kürzeren
Lebensaufwand verlangt ?

Endscheidend dabei jedoch ist, dass sich die betreffenden Individuen biologisch und anatomisch "aus Überzeugung" vorbildlich verhalten.

Das werden Diejenigen auch mit Sicherheit im eigenem Interesse verwirklichen, da sie die vorher berechenbar "frei verfügbare Lebenszeit", welche die Gesellschaft für sie "tragen muss" ja doch wohl im Alter oder zu gegebener Zeit voll nutzen wollen.

Da in der weiteren Zukunft das Geld als Wertfaktor für eine "Arbeitsleistung" (sprich : gesellschaftlich nutzvolle Betätigung) keine Bedeutung mehr erhalten kann, ist mit diesem Kriterium "Lebenszeit" eine für das persönliche und das gesamtgesellschaftliche Leben, grundlegend neue ökonomische Kategorie (Begriffsform) entstanden.

Dieses Erfordernis ergibt sich aus der Tatsache, dass der körperliche Aufwand selbst bei der gleichen Tätigkeiten von Mensch zu Mensch unterschiedlich sein wird und die Geschlechtsgebundenheit zusätzlich Beachtung finden muss.

Bei der Bewertung des körperlichen Aufwandes im Tätigkeitsprozess ist weiterhin eine Differenzierung nach dem reinem

Energieverbrauch im anatomischen Bereich und dem normalen oder / und zusätzlichen geistigen Energieaufwand vorzunehmen.

Die für ein solches vergleichendes System erforderlichen Aufwendungen erscheinen im ersten Augenblick als fast unerfüllbar, aber selbst der Aufwand um annähernd vergleichbare Parameter zu finden, ist nicht so hoch, wie im Moment angenommen wird.

Beides ist mit einer modernen Grundumsatztechnologie nachweisbar, ist tätigkeitsspezifisch anwendbar und kann damit eine relative gute Vergleichbarkeit herbeiführen. Damit kommt man der in allen Fällen immer erwünschten "Gleichheit" auf allen Gebiet, zu mindestens aber auf dem Gebiet des in einer bestimmten Zeiteinheit aufgewendetem anatomischen und geistigen Energieaufwand, als vergleichbares Element, sehr nahe.

In diesem Zusammenhang sei festgestellt, dass das Leben der Zukunft nach Normativen (normativ = maßgebend , als Richtschnur dienend) ablaufen wird.

Auch das in den vergangenen Zeiten so beliebte Wort "Freiheit" hat weltweit keine Bedeutung mehr und ist dem Begriff :
"Einsicht in die Notwendigkeit"

oder "unumgänglich erforderlich"
                          gewichen.

Die moralische Anerkennung dieser neuen
Erkenntnis ermöglicht es erst, dem dann
existierenden Menschen, sich trotz Reglement
persönlich unabhängig zu fühlen.
Dieses psychische Empfinden, setzt erst die auf
allen Gebieten des gesellschaftlichen Lebens
erforderlichen individuellen Initiativen frei.

Aus den genannten Feststellungen sollte auch die
Schlussfolgerung abgeleitet werden, dass eine
gewisse Anzahl von ökonomischen
Erkenntnissen und Erfordernissen, welche sich in
den vorangegangenen Gesellschaften langsam
etabliert und ökonomisch bewährt haben, in
qualitativ höherer Form Eingang finden.

Zusammenfassend für die bis hierher
beschriebenen und angeführten Gründen und
Faktoren möchte ich als Ergebnis feststellen, dass
in der Zeitrechnung der Menschheit, ab dem
einundzwanzigsten Jahrhunderts der Begriff :

                " NEUZEIT "

        geführt werden sollte.

Diese Bezeichnung würde uns alle, von den über

Jahrhunderte geprägten und fest gefahrenen
Auffassungen, leichter hinwegreißen.

Nach dem fast in allen Geschichten, Märchen und
anderen Erinnerungen menschlicher
Zivilisationen geprägtem tiefgründigem Satz:

" Es war einmal . . . . . "

könnte dann vieles, trotz schwerster historischer
Erfahrungen auf allen Gebieten und Territorien
unseres Planeten, in die "Historischen Archive"
verbannt werden.

Das hat nichts mit Vergessen zu tun, aber es
sollte endlich einmal auf der Erde damit
aufgehört werden, immer erneut die Völkerseelen
in Aufwallung zu bringen !

Wenn Vergehen, egal wie geschehen, verfolgt
und bestraft oder abgestraft wurden, dann hat sich
diese Sache, rechtlich erledigt.
Und das muss auch nach meiner Auffassung
völkerrechtlich so sein.

Wiedergutmachung hat sofort zu erfolgen oder
sie verfällt.

Das bedeutet nicht, dass diesbezüglich
vorhandene Erfahrungen nicht sehr wach
gehalten werden müssen !

116

Die Geschichte der Menschheit hat aber vielfach
bewiesen, dass ein anderer Weg zu erneuten
Auseinandersetzungen, auf Völker- oder
individueller Ebene, führt.

Wer das anders gehandhabt haben will, sucht
nach finanziellen, persönlichen oder
gemeinschaftlichen Vorteilen, und Vorteilnahme
ist bekanntlich strafbar.

Aber es gibt ein weit größeres Problem, was wir
Menschen im ersten Zeitraum dieser "Neuzeit"
unserer Zukunft bewältigen müssen, dass ist die
Annäherung und Verschmelzung der Religionen
und sonstigen idealistischen Ansichten zu einer,
jedoch mindestens annähernden Auffassung in
der Frage :

“Nachdem menschlichem Ursprungs und
seinem Dasein.”

Dabei wird immer wieder die Frage nach dem
Grund der Existenz, von solchen Lebewesen wie
wir es darstellen, aufgeworfen werden.

Aus meinen eigenen Feststellungen kann ich
behaupten, dass immer wieder die selben
Angehörigen unseres Spezies diese Frage
aufwerfen, welche ihr Leben auf der Erde als ein

unerfülltes Dasein bezeichnen.

Somit ist diese bisherig in den letzten
Jahrhunderten von Institutionen aller Art bewusst
"gepflegten Unwissenheit"
zu einem erheblichem Symptom der allgemeinen
Menschheit geworden.

Eigentlich ist doch die materielle
Schöpfungsgeschichte des Menschen
so interessant, nachweisbar und auch nicht zu
widerlegen.
Jedoch wie üblich hängt der Mensch an den
Vorstellungen von vorgestern und noch weiter
vorher und will nichts verändert sehen.
Stillstand scheint der Masse der Menschen lieber
zusein, als in der Wahrheit voranzuschreiten.

Diese Verhaltensweise ist aber allgemeiner Inhalt
biologischer Systeme und eine
Weiterentwicklung dieser, erfolgte in der Regel
immer nur unter äußerem Zwang durch die
Umwelt.
Diese Feststellung sollte uns als Erdenbürger erst
einmal beruhigen und betrachten wir unser
diesbezügliches Verhalten einfach mal als
"kleine Erbsünde !"

Unter diesem Gesichtspunkt , zur allgemeinen
Erinnerung, bitte schnell noch einmal zu der

"Menschwerdung"
zurück.

Haben Sie sich schon einmal der Mühe
unterzogen, sich in einem Museum die
Entwicklung menschlicher Embryonen - vor
dem Beginn des vierten Entwicklungsmonats -
anzusehen ? (z.B. Dresden Hygienemuseum)

Wenn ja, dann werden sie gewollt oder ungewollt
einfach sehen, dass wenn die ersten
Differenzierungen des Zellhaufens im
sogenannten "Mutterkuchen" abgelaufen sind,
sich ein Wesen entwickelt, welches in seinen
Anfängen deutliche Merkmale einer recht gut
entwickelten Fischlarve mit Kiemenanlagen
(Nicht mit den einige Wochen später sich
herausbildenden Ohren zu verwechseln) besitzt,
sich sehr rasch weiter entwickelt, einem
Hühnerembryonen sehr, sehr ähnlich wird und
erst zeitlich danach, Konturen annimmt, welche
zu Recht als menschlich angesprochen werden
muss.

Bei dieser Betrachtung kommt jeder aus dem
Staunen nicht heraus, wie schnell so ein
werdender Mensch in den wenigen Monate
seiner Entwicklung, die verschiedensten Phasen
seiner Millionen von Jahren zählenden
genetischen Daseinsformen bis zu seinem
derzeitigen Habitus durchschreitet.

Dabei sollte man sich einprägen, dass diese
Entwicklung bis zu unserem heutigen
Genius in relativ zeitlich sehr langen, teilweise
abgegrenzten Zeitabschnitten verlief, welche
ihrerseits durch veränderte Umweltbedingungen
mit chaotischen Dimensionen gekennzeichnet
waren.
Die permanente Anpassung an die daraus
veränderten Bedingungen wurde gewissermaßen
"bei Strafe des Artenunterganges" erzwungen.

Allein der ständige Versuch dieser biologischen
Systeme , sich diesem Zwang zu unterwerfen
brachte uns zum heutigen Dasein.

Dieses Phänomen ist auch heute und in Zukunft
der einzige bestimmende Faktor biologischer
Systeme und erscheint auch bei dem Menschen
als vollkommen natürliches "Zwangsverhalten".

Wenn wir nun die ganze Angelegenheit dieser
seelischen und materiellen Gegebenheiten auf
einen Nenner bringen müssen, sollten wir uns
eingestehen, dass diese ganze Sache einen
menschlichen Empfindungszustand hervorruft :

"welcher irgendwie eine Ruheinsel für das
das Gehirns benötigt,"
und auf diesem Gebiet ist
der Glaube "angesiedelt" und "beheimatet."

Das ist gewissermaßen der Tribut, welchen wir
Alle an den über Millionen von Jahren uns von
der Natur gegebenen Entwicklungsgang zu
entrichten haben.

Dabei könnte uns die Feststellung helfen :

-- Nicht der Glaube ist der "Vater der Kultur"
sondern,
die Kultur ist die gebärende Kraft des Glaubens.

Da der Glaube, wie bereits erörtert, eine
Fiktion des Gehirns und nichts weiter als :
"eine Annahme, dass etwas in der Realität
so sei wie die Vorspiegelung des Hirns es dem
Bewusstsein darstellt, ist und bleibt er ein
Phantom.
Als Placeboeffekt (placebo, lateinisch = für "ich
werde gefallen") wie in der Medizin auch
angewendet mitunter eine sehr nützliche
Angelegenheit.

So wie sich die kulturellen Beziehungen der
Menschheit durch die zunehmende
Digitalisierung in allen Lebensbereiche krass
verändern werden, und die Möglichkeit besteht,
die an Atome gebundene Wahrheit umfassender

zu erkennen, wird sich dennoch, (was sich uns allerdings wie ein Widerspruch in sich selbst darstellt) der Umfang des Glaubens, dabei ist es vollkommen egal an was dieser gebunden ist, sich zeitlich gesehen erweitern, um danach der Vergangenheit anzugehören.

Aber bis dahin hat die Menschheit noch einen langen, langen Weg vor sich.
Ich erkenne an, dass diese fotogene Zukunftsaufnahme zum Augenblick und auch in den nächsten einhundert Jahren nicht sehr beliebt sein wird.

Doch an dieser Tatsache wird kein Weg vorbeigehen es sei denn, die Menschheit verrottet im eigenen Saft ihrer Existenz.
Dennoch darf auf keinen Fall übersehen werden, dass die gefährlichste Situation für das Zusammenleben einer bald Zwölfmilliarden und mehr zählenden Weltbevölkerung, eben in den mannigfachen Fantasien ihrer Mitglieder und Gruppen zu suchen ist.

Sofern dieser Zustand sich nicht verändert, und bestimmte Glaubensrichtungen sich als Zenit einer bestimmten Auffassung verstehen, damit einen Alleinanspruch behaupten, wird dieses Verhalten weltweit als Hauptauslöser für ethnische Unruhen sorgen.

Bereits aus heutigen Erkenntnissen kann auch für die Zukunft abgeleitet werden, dass mit dem sogenannten Phänomen "Toleranz" solche fest geprägten geistigen Lebens -und Nachlebensinhalte verschiedenster Auffassungen kaum überwunden werden können.
Die Feststellung bekommt um so mehr Bedeutung, da es eine Tatsache ist, dass die Menschheit in diesen gesellschaftlichen Umbrüchen nach innerem Halt suchen wird, und in den Übergangszeitabschnitten unzählig neue Glaubensauffassungen entstehen werden.

- -

Wenden wir uns nun den materiellen Gegebenheiten des zukünftigen Lebens zu.

Der Druck auf uns Menschen, im Bezug auf immer umfangreichere Verfügbarkeit von Kenntnis und Wissen, hier besonders in immer differenzierteren Bereichen gefordert, wird sich ständig unabwendbar erhöhen.
So werden wir uns sehr schnell daran gewöhnen müssen, als Unterstützungstechnik für das Gehirn, am oder im Kopf elektronische Chips zu tragen.

Bei Beginn der Einführung dieser Technologie werden sich bestimmt eine ganze Reihe von uns diesem Eingriff beugen, denn es steht fest, dass

der dadurch "erweiterte" Mensch persönlich
einen höheren Marktwert besitzt und im Bereich
seiner Tätigkeit, erhebliche Vorteile gegenüber
seinen "Wettbewerbern" erbringen kann.
Durch diese Manipulation werden wir, die der
nächsten Generationen, aber auch ein höheres
Selbstbewusstsein empfinden.
Ja, empfinden !
Dieses Empfinden ist aber eben nur ein ideelles !
Wenn man so will, eine Fantasie des Gehirns.

Das besondere Problem was aber dabei im Raum
entsteht ist, dass es sich in jedem Fall um ein
einseitig eingespeistes Wissen handelt und die
größere Verfügbarkeit nur eben in begrenzten
Bereichen erbringt.
Damit lässt es alle anderen, menschlichen
Wertvorstellungen "außen vor " und eine
entsprechende Anpassung, an das nun
erforderliche angehobene Sozialverhalten,
unterbleibt.
So entstehen personifizierte Arbeitsmaschinen
hoher Effektivität mit geringem sozialem Wert.
Dennoch ist die eben angedachte Technik auch
verführerisch und kann sogar gefährlich werden!

Stellen wir uns aber weiter vor, und das ist keine
reine Fiktion, weil wir den Vorreiter das "Händi"
bereit ständig bei uns tragen, wir könnten uns
einen Chip in die unmittelbare Nähe des Gehirns
implantieren lassen, der uns in die Lage versetzt

bei einem Spaziergang oder im Beruf, ohne die Stimmritzen zu aktivieren und den Mund zu bewegen, mit anderen Menschen, nach kurzem Blickkontakt sinnlich kommunizieren.

Kein Anderer würde es mitbekommen, dass wäre doch eine wunderbare Sache, die ich schon heute gern nützen wollte.

"Gut, in Ordnung," könnte man sagen, "und wo nehmen wir die Energie für den Betrieb des Chips her ?"

Nun, die Gehirnforscher sprechen von einer elektrischen Leistung des Gehirns von 60 Watt.

Der ganze Körper erbringt eine ständige Leistung von 100 Watt, warum sollte da nicht etwas übrig sein ?

Aber eigentlich könnte ja auch die fast überall "fließende" Energie unserer Funknetzbetreiber, für diese zuzünftigen Anforderungen" aufgerüstet", nützlich sein ?

Diese anscheinend kleinen Manipulationen die wir uns einmal erlauben, sind sicher noch erträgliche Veränderrungen an unserem Menschenbild und werden die Existenz unserer Art noch nicht ganz in Frage stellen.

Eine viel größere Gefahr besteht in der unkontrollierten Computerentwicklung und deren Anwendung !

Die sogenannte "Revolution" auf diesem Gebiet

ermöglicht eines Tages, wenn die elektronischen
Systeme ihre eigene Verselbstständigung erlernt
haben, - und sich aus einem im Anfang
aufgeprägtem Intelligenzgrad, selbständig einen

Zugewinn an Informationen schaffen können,
welcher ihnen ermöglicht, sich aus der bisher
kontrollierenden "Menschenhand" zu befreien.

Sollte der Mensch, was zur Zeit bereits
experimentell erprobt wird, dem System per
Programm noch die Funktion der Herstellung von
Duplikaten ermöglichen, dann entgleiten diese
hochkomplizierten Computergenerationen eines
Tages ihrem geistigen Vater, dem Menschen,
vollständig und das entwickelt sich dann zu einer
Existenzfrage für die Menschheit auf diesem
Erdball.

Die Meinung, diese technischen Wunderwerke
benötigten für ihre Existenz ja Energie, bisher
Elektroenergie aus der Steckdose und da hätte
man ein gutes Mittel in der Hand, um ein nicht
gewollte Entwicklung zu stoppen.

Das ist aber eben die größte Täuschung welcher
man sich freiwillig hingibt !
Die Intelligenz und komplexe Wahrnehmung
wird die des Menschen nicht nur ebenbürtig sein,
sondern dessen geistige Kapazität bei weitem
übertreffen.

126

(So nebenbei bemerkt ; das ist ja auch das
Anliegen der Forschung.)

Aber eine Tatsache ist, über elektrische Ladungen
verfügen alle Lebewesen dieser Erde, also
bestehen keiner Problem für diese Intelligenten.

Genauso, wie die heutzutage verwendeten
Grasmähcomputer, welche wenn ihre
Energiereserve versiegt haargenau die
Ladestation finden, so werden diese, sich
unkontrolliert vermehrenden, energiesuchenden
Intelligenzbestien, wie Heuschreckenschwärme
über alles lebende Getier einschließlich den
Menschen herfallen, um sich an ihnen für die Zeit
der Energieaufladung unabtrennbar festzusaugen.

100 Watt ständige Leistung des Menschen, die
der Tiere ist mir zur Zeit unbekannt,
und das bedeutet natürlich im Endergebnis den
Untergang dieser lebenden Spezies.

Darüber hinaus könnte folgende, zwar horrende
(schauderhafte) Situation entstehen, dass sich
diese, durch den Menschen ja nicht vollkommen
frei von biologischer Denkweise programmierten
Computersysteme, sich an Urinstinkte
biologischmaterieller Existenz gewissermaßen
"erinnern" und ihren, nun existenzerhaltenden
Wirt durch den Entzug seiner Energie nicht

abtöten wollen und werden, sondern ihn,

als sogenannte "energiemelkende Kuh"
erhalten und sogar pflegen werden.

Das bedeutet konkret, dass der Mensch, welcher
bereits seit seiner Existenz schon immer von
Viren, Bakterien und Pilzen genutzt wurde, sich
nun selbst auch zum Wirt und Sklaven aber einer
biologisch freien Existenzform (Metall)
"gemacht" hat

- -

E r g e b n i s

Nun widerfährt ihm endlich, was er vorher allen
anderen, "angeblich niederen biologischen
Existenzformen und sonstiger vorkommender
Materie auf diesem Erdball zugedacht und
gegenüber verwirklicht hatte !

Nun könnte einem die Idee kommen und sich die
Meinung herausbilden, wenn es irgendwann auf
der Erde durch Kälte oder Wärme, oder wenn
sich unsere Sonne vor ihrem Vergehen aufbläht,
und es mit uns Menschen und dem Leben
ohnehin zu Ende ging, dann kriechen wenigsten
noch die Computer umher !

Aber für wen denn, und wie lange ?

Auch das wäre auf Erden deren Ende, aber das ist wohl ein geringer unbedeutender Trost.

Sofern diese aufgeführten Computer allerdings in einer Raumsonde in das All geschickt werden sollten, ergibt sich vielleicht noch ein gewisser Sinn dafür.
Aber was sollen diese denn den "sogenannten Anderen", vielleicht auch schon Computerwesen übermittel ?

Oder sind diese intelligenten Systeme nicht möglicherweise eine Gefahr für niedriger entwickelte Wesen auf anderen Planeten ?
Und die Frage drängt sich doch unumschränkt dabei auf :

"Hat die menschliche "Großmannssucht",
die Überheblichkeit
nicht bereits heute schon auf Erden genügend
Elend hervorgebracht ?"

Aber wie es denn nun sei, eines ist gewiss, eine zu Beginn des einundzwanzigsten Jahrhunderts unseren Wünschen entsprechende, den ganzen Erball umfassende "sogenannte" demokratische Ordnung wird diese, damit verbundenen Herausforderungen aller Voraussicht nach nicht meistern können.

Aus diesem Grund müssen wir Menschen das
Ziel verfolgen, eines Tages eine "sogenannte"
Weltregierung herauszubilden, welche sich nicht,
den in vielen Fassetten denkenden
Menschenmassen beugt sonder diese, zu einem
relativ einheitlichem Denken über den
Fortbestand der Menschheit "begeistert" !

Das ist aus meiner Sicht der einzige Weg für die
Zukunft, weil sonst die Raubgier von nur einem
geringem Teil der Menschheit, welch nur dem
eigenem Vorteil front, die Welt und wenn
möglich noch vieles darüber hinaus dem Exitus
früher preisgeben würde,

      als es das Weltraum - Szenarium

                     vorsieht !

= =
= =

      Der Ordnung halber : noch ein kurzer
               Überblick

Die vollkommene Vernetzung der zu Beginn der

Neuzeit noch vorhandenen eigenständigen
Völker, erzwingt regelrecht eine wachsende
Angleichung bis hin zu einer Vereinheitlichung
der Lebensbedingungen auf diesem Planeten.

Der damit verbundene ökonomische Druck und
die Erwartungshaltung der globalen Menschheit
wird alte und verkrustete Vorstellungen und
Vorbehalte bis in die individuellen Bereiche
hinein "hinwegfegen".

Die zum Teil in den Übergangsphasen
angehäuften persönlichen Reichtümer werden an
Wert verlieren und einem vollständig, auf den
Erhalt des Lebens auf der Erde gewidmeten Ziel
untergeordnet werden.
Dieser Vorgang ist ein zeitlich langer und für
viele, aus der Sich des Neuzeitbeginns, ein
"qualvoller" Vorgang.
Jeder Mensch wird eines Tages nur das haben,
sich nehmen oder nur erhalten können was er
zum Leben unbedingt benötigt.
Da sicher mit zwölf Milliarden Menschen, sofern
keine Geburtenbegrenzung eingeführt wird, der
Zuwachs noch nicht ausgereizt ist und die Anzahl
also noch erheblich und immer sprunghafter
anwachsen wird, kann selbst, auch wenn wir bis
dahin oder später die Photosynthese (Aufbau von
Zuckermolekülen in grünen Pflanzen) technisch
erfolgreich durchführen könnten, eine
Versorgung im Überfluss nicht erfolgen.

Allein nur aus dieser Ableitung menschlicher
Wünsche und Bedürfnisse was die täglich
Versorgung mit Lebensmitteln betrifft, ohne alle
anderen ebenso wichtig erscheinenden Bereiche
wie Wasser, Elektrik, Verkehr (egal welcher Art)
usw. lässt sich doch ganz einfach ableiten, die
Zukunft wird knapper bemessen sein.

Aber das ist auf der Erde bereits in der heutigen
Anfangszeit teilweise schon "Gang und Gebe".
Ein Problem im Umdenken und Umstellen kann
es somit nur für die bereits in den "reichen
Länder" lebenden Erdenbürger sein.

Zu späteren Zeiten wird es in der Verteilung der
täglichen Güter auch Unterschiede geben, die da
sind :
"Jeder der von der Gesellschaft unterhalten wird,
- und das sind restlos alle lebenden Menschen, -
sind entsprechend den gesellschaftlich relevanten
Normativen zu geistigen und körperlichen
Leistungen für das kommunale Gesamtwesen
                    verpflichtet."
So einfach und gerecht wird es einmal auf Erden
zugehen, für viele heute lebende Menschen
allerdings eine Horrorvorstellung.
Macht aber nichts, den die nächsten Jahrzehnte
werden schon zum langsamen Eingewöhnen
weitere kleine "Vorgeschmäcker" erbringen.

Die ganze Angelegenheit kann aber auch völlig
anders und urplötzlich erfolgen !

Kein Weltuntergang, worauf so viele Gläubige
zum Teil schon ungeduldig warten !

Selbstverständlich kann jeder Zeit dennoch eine
Feuerwalze mit tödlichen Gasen auf uns
zukommen !
Die auf unserer Erde vorhandenen Vulkane
führen uns diese Möglichkeit ja ständig sehr
deutlich vor Augen.

Über 250 Millionen Jahre hatten wir ja im Bezug
auf große Erdumwälzungen eine relative
Ruhepause.
Damals, so das Ergebnis von
Forschungsergebnissen, soll ein Supergau im
Bereich des heutigen Sibirien, wo die Erdkruste
aufgerissen wurde stattgefunden haben, welcher
einen Zustand vollkommener Verdunkelung der
Sonne hervorbrachte und zum vollständigen
Absterben, der auf dem Land und im Wasser
beheimateten, an die Photosynthese gebundenen
Pflanzen führte und in Folge fast alles sonstiges
Leben ausradierte.

Bereit heutzutage beobachtet man mit großem
Argwohn in San Francisco den Andreasgraben
und die in nicht allzu weiter Entfernung liegende

Vulkankette.

Dort erkennt man berechtigter Weise bereits jetzt schon eine heranziehende Gefahr und rechnet mit einem massenhaften Auswurf, des sich dort zur Zeit in einer "Blase" ansammelndem Magma.

Man könnte sich vorstellen, so die Meinung, dass entsprechend des Umfangs der Eruptionen sich ein ähnlicher oder auch gleicher Werdegang wie vor langen Zeiten vollziehe.

Überfällig. so meinen die Fachleute auf diesem Gebiet, seien die Ereignisse solcher grandiosen Dimensionen, verursacht durch die Verschiebung der Erdplatten bereits schon lange.

Die einzig Schwierigkeit in diesem Fall ist die Feststellung : "Wann ?"

        "Niemand kennt den Terminus!"

    - - - Da hilft uns im Moment nur die Voraussicht oder Prophezeiung : - - -

  "Er wird kommen wie der Dieb in der Nacht".

Zu Beginn dieses zeitlichen Überblicks war von einem mögliche "Polsprung" die Rede.

Dazu kann man nun zum augenblicklichen Tag sagen, dass im Moment kein gewisser fester Punkt des magnetischen nordischen Pols festgestellt werden kann.

Es könnte jedoch durchaus passieren, dass -

nicht - wie manchmal angenommen wurde das Magnetfeld des Südpols zu dem Nordpol und umgekehrt überspringt, sondern der Nordpol sich westlich landab über Kanada / Nordamerika in Richtung des Äquators, der Südpol gegenüber in Ostrichtung bewegt und "festsetzt".

Sollte es nicht dazu kommen, wird sich auf jeden Fall entsprechend dem Wanderrhythmus der Pole das Klima eines Tages verschieben.

Im Fall eines plötzlichen Kippens der "Erdachse" durch interstellare Einflüsse würde es natürlich gravierende klimatische Veränderung auch ohne Polverschiebungen geben.

Also, die Menschheit geht interessanten Zeiten entgegen, wobei man dabei nur hoffen möchte, dass der " bisherige tierische Urinstinkt des Fressen oder gefressen werden" endlich weitgehend überwunden wird.
Sollte das nicht möglich werden, dann kann man der gesamten Menschheit nur wünschen, dass es ihr so schlecht gehen möge, dass sie gezwungen ist "bei Strafe des Untergangs" sich friedlich zu verständigen.
Da dieses auch in der Zukunft nicht allein nur durch Verständnis zu lösen ist, wird nach wie vor "Erziehung" egal wo und in welchem Bereich mit "Zwang" verbunden sein.
Dabei beachte man immer :

"Sofern es um die Erhaltung des "homo sapiens"
in seiner Urform als Art des   biologischen
Lebens auf diesem einzigartigen Planeten Erde
geht, sollten alle Mittel gerechtfertigt sein.

Niemand der sich in Zukunft als ein
"höher Stehender"
bezeichnen sollte, wird dabei auch nicht das
kleinste Quantum mehr an Recht auf sich
beziehen können !
Erst wenn die Menschen das begriffen haben,
dann ist das "Tier" - homo sapiens - zum
wahren Menschen geworden.

Ende

Herstellung und Verlag:
BoD - Books on Demand, Norderstedt
ISBN 978-3-8391-9020-3